NOTES

SUR

L'ANCIENNETÉ DES FAMILLES

DU

DÉPARTEMENT DE L'AIN

PAR UN DOMBISTE

BOURG-EN-BRESSE

Imprimerie du *Moniteur de l'Ain*.

1878

*À Monsieur Léopold Delisle,
Membre de l'Institut, petit souvenir
de l'auteur, si humble recomp[ense]*

M. C. Guigue

ANCIENNETÉ

DES

FAMILLES DE L'AIN

REMARKS

ON

ALAN THE PELICAN.

NOTES

SUR

L'ANCIENNETÉ DES FAMILLES

DU

DÉPARTEMENT DE L'AIN

PAR UN DOMBISTE

BOURG-EN-BRESSE

Imprimerie du *Moniteur de l'Ain.*

1878

AVERTISSEMENT

~~~~~~~~~

Ce petit volume n'est que le résumé extrêmement condensé d'un travail considérable.

Il y a quelque vingt ans, l'auteur, autant pour obéir à un sentiment de curiosité peut-être indiscrète, que pour son instruction personnelle, entreprit des recherches sur la plupart des anciennes familles du département de l'Ain.

Son but était de trouver des réponses satisfaisantes à ces trois questions qu'il se posait souvent :

Que sont devenues les familles privilégiées aux XIe, XIIe et XIIIe siècles, et qui représentaient, croit-on, la race des conquérants romains, francs et burgondes ?

Quelle est l'extraction des familles qui

leur succédèrent, et par quelles voies sontelles arrivées à la fortune, aux honneurs et aux priviléges ?

A quelle époque remontent les familles bourgeoises actuelles ?

Les réponses ont été obtenues ; mais les éléments qui les ont fournies, éléments empruntés *uniquement* aux actes originaux conservés dans les grands dépôts publics, ne peuvent, par bien des raisons, être actuellement publiés.

Le seront-ils jamais ?
L'auteur l'ignore.

En attendant, et puisqu'il ne lui est pas permis, non plus, de produire ses conclusions, tant elles sont parfois étranges et subversives des idées admises, sans produire aussi les prémisses de son argumentation, il donne cette simple nomenclature, présentant, sous forme de table alphabétique, sur l'ancienneté des familles de la Bresse, de la Dombes, du Bugey, du pays de Gex, du Valromey et

— VII —

du Franc-Lyonnais, des renseignements qui ne doivent déplaire à personne et peut être agréables à quelques-uns.

Lyon, 15 juin 1878.

ANCIENNETÉ DES FAMILLES DU DÉPARTEMENT DE L'AIN

A

Abbé. Pougny, 1380.

Achard. Miribel, 1278; Montluel, 1312; Bourg, 1433; Pays de Gex, 1557; Dombes, 1651.

Achet. Montluel, 1734.

Adam. Etrez, 1685.

Agni. Avrissieux, 1442.

Agniel. Ambronay, 1386; Poncin, 1557; Prevessin, 1599; La Vernouse, 1735.

Agnereins. 1231.

Aigrefeuille. Viriat, 1306.

Alliod. Bâgé, 1276; Pont-de-Veyle, 1315;

Chavornay, 1324; Bressoles, 1425; Jujurieu, 1530; Gex, 1647.

Aimevigne. Bugey, 1297.

Alaguette. Ambronay et Villars, 1477; Bourg, 1512.

Alamette. Loyettes, 1485.

Alard. Tenay, 1366; Genay, 1393.

Alardon. Biziat, 1443.

Arbignieux. Bugey, v. 1350.

Albert. Nantua, 1291; Valromey, 1515.

Albon. Saint-André-de-Corcy, 1353; Nattage, 1601.

Alegret. Neuville-sur-Renom, 1388.

Alevesque. Dombes, 1648.

Alex. Genay, 1392; Poncin, 1517.

Alhoste. Dombes, 1605.

Aliset. Châtillon-sur-Chalaronne, 1472.

Alix. Meximieux, 1281; Dombes, 1496; Châtillon-sur-Chalaronne, 1566.

Allabe. Montluel, 1672.

Allemant. Bugey, 1169.

Allagnier. Douvres, 1361.

Allemogne. Pays de Gex, 1300.

Alleu. Pays de Gex, 1455.

Alliombert. Nantua, 1744.

Amareins. 1325.

Amaysin. Bugey, 1269.

Amblard. Cerdon, 1310; Miribel, 1466.

Ambronay. Ambronay, 1223; Miribel, 1278; Chaneins, 1324.

Amédée. Meximieux, 1308

Amel. Ceyzériat, 1467.

Ami. Ferney, 1438.

Amorots (des). Bresse, 1603.

Andelot. Revermont, 1321.

Andert. Bugey, 1180.

Andrault-Largeron. Bresse et Dombes, 1662.

André. Rigneux et Bussinges, 1278; Lagnieu, 1471; Bourg, 1574.

Andréa. Belley, 1679; Nerciat, 1733.

Andrieu. Trévoux, 1685.

Andrevet. Pont-de-Veyle, 1342; Saint-Trivier-sur-Moignans, 1353; Crottet, 1393; Corsant, 1405.

Angeville (d'). Culoz, 1602.

Anglois. Lompnas, 1289; Béreyziat, 1437; Cormoz, 1443.

Anglures. Seyssel, 1570; Corgenon, 1603.

Antoine. Saint-Bernard, 1264; Montaney 1322; Nantua, 1388; Echallon, 1441.

Anseline. Malafretaz, 1366.

Antanems. Châtillon-sur-Chalaronne, 1446.

Anthon. Sermoyer, 1186; Bugey et Valbonne 1200.

Apchon. Servas, 1739.

Apremont. Chavannes-sur-Reyssouze, 1563.

Arams. Bresse, 1580.

Arbellot. Bourg, 1583.

Arbent. Bugey, 1158.

Arbigneu. Dombes, 1578.

Arbisson. Bourg, 1391.

Arbalestrier. Gex, 1558.

Arbon. Poncin, 1337; Peyzieu, 1672.

Arcieu. Saint-Jean-de-Thurigneu, 1322; Trévoux, 1491.

Arcollières. Valromey, 1621.

Arculinge. Gex, 1397.

Ardin. Farges, 1554.

Arduya. Peyzieux, 1378.

Arembourg. Peyzieux, 1324.

Arerex. Sergy, 1509.

Arestel. Bugey, 1347.

Armand. Meximieux, 1308; Bourg, 1348; Belley, 1686.

Armarel. Crans, 1400.

Armet. Bourg, 1629.

Arnaud. Bourg, 1393; Treffort, 1403.

Arnaud. Sainte-Croix, 1281; Dombes, 1630.

Arnay. Burdigny, 1366.

Arnoud. Saint-Trivier-de-Courtes, 1345; Faramans, 1364.

Arochet. Bourg, 1343.

Arod. Ceyzériat, 1466.

Arpin. Poncin, 1471; Pont-de-Vaux, 1489.

Arriveur. Saint-Etienne-sur-Chalaronne, 1726.

Ars. Dombes, XIIe siècle.

Artaud. Valromey, 1201.

Arthaud. Dombes, 1594.

Asimary. Bresse, 1342.

Asnières. Bresse, 1199.

Assin. Talissieu, 1653.

Atier. Saint-Julien-sur-Veyle, 1451.

Aubarède (d'). Dombes, 1722.

Aubepin. Revermont, 1290.

Aubonne. Chevry, 1493.

Aubert. Bresse et Dombes, 1731.

Aubret. Dombes, 1594.

Aubry. Bourg, 1766.

Audibert. Miribel, 1420.

Audras. Miribel, v. 1278; Trévoux, 1693; Béost; 1787.

Augerd. Saint-Bernard, 1264; Saint-Rambert, 1355; Bourg, 1687.

Aujas. Valeins, 1672.

Austrein. Dombes, 1672.

Authézieu. Luthézieu, 1180.

Auvergnat. Ambronay, 1287; Saint-Germain, 1427.

Avanchy. Marboz et pays de Gex, 1445.

Averdy. Bourg, 1612.

Avignion. Chazey-sur-Ain, 1473.

Avril. Cerdon, 1498.

Avrillat. Saint-Rambert et Nantua, 1388.

Aycard. Pont-d'Ain, 1421.

Ayes (des). Versailleux, 1278.

Ayguier. Bourg, 1431.

Aymar. Rossillon, 1276; Francheleins, 1705.

Aymeric. Chazey-sur-Ain, 1278; Dombes, 1611.

Aymon. Montmerle, 1333 ; Lagnieu, 1337 ; Bâgé, 1361.

Aymonat. Dombes, 1602.

Aymonet. Lompnieu, 1486.

Aynard. Montluel, 1312.

Aynès. Trévoux, 1377 ; Genay, 1477.

B

Babad. Mézériat, 1380.

Baboche. Châtillon-sur-Chalaronne, 1262.

Bachelard. Ambronay, 1297 ; Chaneins, 1324 ; Bourg, 1353 ; Laiz, 1495.

Bachet. Viriat, 1328.

Bachod. Douvres, 1361.

Baconier. Montluel, 1272 ; Montceaux, 1428 ; Bourg, 1666.

Badel. Bourg et Pont-de-Vaux, 1466.

Badoux. Pont-de-Vaux, 1601.

Bagé (sires de). xᵉ siècle.

Bagié. Saint-Trivier-sur-Moignans, 1320.

Baglion. Dombes, Trévoux, 1674.

Bagnier. Seyssel, 1655.

Baillat. Chalamont, 1312.

Bailly. Montluel, 1422; Dombes, 1647.

Bais. Bourg, 1601.

Bal. Saint-Rambert, 1291; Villars, 1346.

Balam. Miribel, 1408; Pont-de-Vaux, 1602.

Balandrin. Bourg, 1428; Saint-Rambert, 1438; Montluel, 1455; Loyes, 1634.

Balleidier. Gex, 1751.

Ballet. Montréal, 1393; Pont-d'Ain, 1473.

Balliod. Songieu, 1679.

Balloffet. Baneins, 1295.

Ballom. Léaz, 1272.

Balme. Tossiat, 1483; Sainte-Julie, 1680.

Balme (La). Valromey, XIIe siècle.

Balmes. Pays de Gex, 1412.

Balmey. Bugey, XIIe siècle.

Balmondière (Tondu). Bourg, 1693.

Balthazard. Pays de Gex, 1681.

Balufier. La Pérouse, 1302; Turgon, 1442; Miribel, 1569; Vonnas, v. 1590.

Baneins. Dombes, XIIe siècle.

Banosat. Romagneux, 1306. (V. Bavosat.)

Baratier. Meximieux, 1758.

Barbarel. Montluel, 1480.

Barbarin. Rigneux-le-Franc, 1278; Bénonces, 1366.

Barbe. Nantua, 1742.

Barbet. Foissiat, 1374; Saint-Eloi, 1497.

Barbier. Ambronay, 1297; Cormaranche, 1346; Lent et Bourg, 1394; Malafretaz, 1437; Montluel, 1468; Valromey, 1486; Charnoz, 1500.

Bardel. Illiat, 1376.

Bardet. Nantua, 1291.

Barel. Reyrieux, 1461.

Baret. Belley, 1664; Meximieux, 1746.

Barges (des). Lagnieu, 1354.

Barillon. Bourg, 1556.

Barjot. Bourg, 1595.

Barmond. La Boisse, 1392.

Barmoux. Valromey, 1450.

Baron. Saint-Bernard, 1264; Miribel, 1278; Joyeux, 1365; Flyes, 1397; Tossiat, 1423; Malafretaz, 1454; Saint-Rambert, 1621; Beynost, 1767.

Baronnat. Chalamont, 1435; Fareins, 1500.

Barrachin. Maillat, 1339; Saint-Rambert, 1510; Bourg, 1779.

Barral. Soudon, 1272; Montluel, 1398.

Barres (des). Sulignat, 1346.

Barriere. Bourg, 1487.

Barthélemy. Bourg, 1491; Seyssel, 1518.

Bas. Montluel, 1509; Pont-de-Veyle, 1629; Dombes, 1641; Mépillat, 1710.

Basset. Leymiat, 1422; Saint-Nizier-le-Bouchoux, 1453; Dombes, 1587.

Bassolle. Mézériat et Châtillon-sur-Chalaronne, 1333.

Bastie (de la). Montluel, 1276.

Bastie (de la). Bourg, 1554.

Bastier. Treffort, 1403.

Bataillard. Ambronay, 1297; Saint-Jean-sur-Veyle, 1359.

Batet. Montréal et Villars, 1420; Courmangoux, 1481.

Bauczan. Belley, 1343.

Baudet. Bâgé, 1431.

Baudin. Saint-André-d'Huyriat, 1529; Saint-Jean-le-Vieux, 1540; Nantua, 1616; Montluel, 1647.

Baudrand. Cormoranche, 1629.

Baudrier. Pont-de-Vaux, 1666.

Baulieu. Bâgé-le-Châtel, 1637.

Baume (la). Bresse, xiie siècle.

Bavoz. Culoz, 1353.

Bavosat. Romagneux, 1306; Saint-Martin-de-Bavel, 1608.

Bay (de). Massieux, 1323; Farges, 1529.

Bay. Dombes, 1586.

Bayard. Reyrieux, 1500.

Bayet. Loyes, 1328.

Bazin. Niévroz, 1645.

Béatrix. Genay, 1498; Belley, 1713.

Beauchasteau. Gex, 1673.

Beaugarçon. Bourg, 1395.

Beaumont. Pays de Gex, 1447; Châtillon-sur-Chalaronne, 1466.

Beauregard. Bourg, 1628.

Beauregard (de). Pays de Gex, 1305.

Beaurepaire. Varey, 1656.

Beauvoir (de). Dompierre-de-Chalamont, 1340.

Beccat. Lent, 1637.

Bécerel (de). Bresse, 1345.

Becey (du). Sulignat, 1371.

Bechod. Dombes, 1658.

Bedin. Montréal, 1393.

Begoz. Pont-d'Ain, 1447.

Beguet. Poncin, 1402.

Belaisoux. Saint-Amour, 1512.

Belin. Ambronay, 1388.

Bellaton. Ambronay, 1426.

Bellecombe (de). Bresse, 1433.

Bellegarde. Priay, 1347; Montluel, 1590; Gex, 1603.

Bellet. Gourdans, 1386; Corveissiat, 1398; Bourg, 1423; Sainte-Euphémie, 1581; Pont=d'Ain, 1578.

Belley. Bourg, 1417.

Belli. Nantua, 1314; Saint-Germain=d'Ambérieu, 1398; Bourg, 1434.

Bellier. Bourg, 1348.

Bellod. Valromey, 1515.

Belmont (de). Saint-Martin-de-Bavel, 1434.

Belouses (des). Bresse, 1556.

Beluison. Trévoux, 1606.

Benevis (de). Talissieu, 1461.

Benoît. Rigneux-le-Franc et Bussiges, 1278; Bâgé, 1310.

Benon. Montluel, 1349.

Benonces (de). Bugey, 1095.

Beny (de). Saint-Sulpice, 1646.

Béost (de). Vonnas, 1096.

Berard. Vieu-d'Izenave, 1294; Pont-d'Ain, 1343; Viriat, 1347; Bâgé, 1531.

Berardet. Manziat, 1442.

Beraud. Bourg, 1345; Trévoux, 1672.

Berbis (de). Saint-Rambert, 1314.

Berchet. Montrevel, 1393; Bourg, 1661.

Berchod. Genay, 1348; Foissiat, 1351.

Bererd. Saint-Trivier-sur-Moignans, 1333; Pont-de-Veyle, 1457.

Béreyziat. Foissiat, 1437; Illiat, 1457.

Bereyziat (de). Bereyziat, 1321.

Berge. Saint-Bernard, 1477.

Bergeret. Pérouges, 1621.

Bergier. Genay, 1258; Montluel, 1283; Bourg, 1353; le Châtelard, 1361.

Bergonion. Saint-Trivier-de-Courtes, 1395; Tossiat, 1412; Montluel, 1422. (V. *Bourguignon.*)

Bergue (de). Chalamont, 1632.

Beringem. Les Alimes, 1609.

Berliet. Varambon, 1563; les Ayes, 1590.

Berlis. Bourg, 1604.

Berlion (de). Blyes, 1136.

Bermond. Miribel, 1433; Reyrieux, 1483; Ceyzérieu, 1586.

Bernard. Beynost, 1278; Châtillon-sur-Chalaronne, 1558; Vieu, 1445; Pont-de-Veyle, 1495; Cerdon, 1312; Revonnas, 1563; Bourg, 1604.

Bernardier. Foissiat, 1401.

Bernel. Ruffieu, 1499.

Bernellim. Pouilleux et Massieux, 1418.

Bernico. Dombes, 1611.

Bernim. Ambronay, 1297.

Bernom. Massieux, 1422.

Bernoud (de). Civrieux, 1261; Viriat, 1348.

Berod. Montluel, 1398.

Berol. Châtillon-les-Dombes, 1386.

Berellat. Bourg, 1302.

Berruyer. Trévoux, 1458.

Berthelier. Laiz, 1425.

Berthelemot. Bourg, 1614.

Berthelon. Gorrevod, 1411; Montluel, 1624.

Berthet. Flyes, 1397; Montrevel, 1404; Montréal, 1425; Belley, 1483; Dombes, 1637.

Berthier. Priay, 1462; Saint-Martin-du-Fresne, 1466.

Berthod. Guéreins, 1324; Châtillon-sur-

Chalaronne, 1333; Bresse, 1431; Saint-Etienne-du-Bois, 1415; Montluel, 1481.

Bertholon. Saint-André-de-Corcy, 1476.

Berthoud. Betheneins, 1278.

Bertin. Ardosset et Saint-Rambert, 1402; Châtillon-sur-Chalaronne, 1409; Villereversure, 1601.

Bertinot. Ambérieux-en-Dombes, 1608.

Bertrier. Nantua, 1534; Lent, 1621.

Bertrand. Ambronay, 1297; Nantua, v. 1400.

Bertucat. Savigneux, 1672.

Besant. Dombes, 1189; Reyrieux, v. 1200.

Beseneins (de).

Bessac (de). Pont-de-Veyle, 1680.

Bessey (du). Saint-Cyr-de-Relevant, 1227.

Besson. Rigneux-le-Franc, 1278; Saint-Trivier, 1378; Pont-de-Vaux, 1407.

Betisy (de). Bâgé, 1428.

Betuard. Pérouges, 1447.

Beyviers. Chassagnies, 1247.

Beyvière. XIVe siècle, Bresse.

Bey (de). Bâgé, 1287.

Beyot (de). Le Bessey, 1604.

Biard. Rignieu, 1675.

Bichat. Poncin, 1786.

Bichet. Montluel, 1496.

Bidard. Dombes, 1613.

Bidar-Raffin. Dombes, 1587.

Bidat. Pays de Gex, 1474; Saint-Rambert, 1494.

Bidaud. La Cueille, 1450.

Bienvenu (de). Seyssel, 1590.

Biffaz. Viriat, 1349.

Bigarel. Martignat, 1393.

Biger. Bourg, 1718.

Bignin (de). Pays de Gex, 1413.

Bigot. Saint-Germain-d'Ambérieu, 1388; Bourg, 1511.

Bigotier. Bourg, 1452.

Bijand. Peyzieux, 1324.

Bijod. Lassignieu, 1573.

Bijut. Châtillon-les-Dombes, 1426.

Billard. Veray, 1436; Viriat, 1456.

Billesman. Cordon, 1605.

Billiat. Foissiat, 1401.

Billiet. Montluel, 1481.

Billion. Bussiges, 1256; Nantua, 1413; Cerdon, 1422; Ceyzériat, 1462; Verfey, 1585; Villars, 1670.

Billioud. Pont-de-Veyle, 1495; Thoissey, 1532.

Binot. Genève et Pays de Gex, 1542.

Bioley (de). Bereins, 1286; Jayat, 1345; Bohan, 1356; Romenay, 1417.

Biolières (de). Curtafond, 1096.

Bionne. Champagne, 1598.

Bissinge. Châteauneuf, 1345.

Bisuel. Manziat, 1412.

Bizet. Gorrevod, 1420; Bourg, 1623.

Biziat (de). Bouligneux, 1246; Miribel, 1278; Châtillon-les-Dombes, 1333.

Blanc. Ambronay, 1297; Bourg, 1302; Lagnieu, 1473.

Blanc (le). De Bussy, 1341.

Blanchard. Saint-Remy, 1299; Loyes, 1415; Châtillon-les-Dombes, 1458.

Blanchefort. Pays de Gex, 1697.

Blanchet. Seyssel, 1318; Loyes, 1409; Nantua, 1496.

Blancheville. Pays de Gex, 1686.

Blanchon. Saint-Germain-de-Renom, 1469 ; Meximieux, 1783.

Blandin. Gex, 1626 ; Trévoux, 1672.

Blaud. Vieu-en-Valromey, 1621.

Blavez. Bellegarde, 1616.

Bleterens. Lyon et Bâgé, 1453.

Blondel. Foissiat, 1468 ; Saint-Denis-le-Chosson, 1475 ; Pays de Gex, 1510.

Blondet. Montluel, 1399.

Bobillon. Neuville-sur-Renom, 1441.

Bochard. Sermoyer, 1278 ; Malafretaz, 1337 ; Foissiat, 1401.

Boche. Bresse, v. 1200.

Bochoux. Tossiat, 1412.

Bochu. Bugey, 1373.

Bocon. Poncin, 1422 ; Charancin, 1499.

Bocquet. Vesancy, 1642.

Boczosel. Bugey, 1134 ; Montluel, 1439.

Bodier. Foissiat, 1672.

Boillat. Dagneux, 1237.

Bois (du). Villebois, av. 1200 ; Bourg, 1307 ; Girieu, 1314 ; Saint-Trivier-de-Courtes, 1442 ; Pays de Gex, 1558.

Boisse (de). Montrevel, 1504.

Boisserat. Saint-Jean-sur-Reyssouze, 1403.

Boisset. Bénonces, 1267; Pérouges, 1429.

Boissier. Cormoz, 1443; Bourg, 1485.

Boisson. Girieu et Montluel, 1247; Ceyzériat, 1357; Trévoux, 1377.

Boivin. Chazey-sur-Ain, 1441; Gex, 1619.

Boizot. Belley, 1633.

Bolengier. Marboz, 1412.

Bollas. Rancé, 1458.

Bolliat. Montluel, 1283; Douvres, 1361.

Bolliet. Châtillon-sur-Chalaronne, 1333; Ambérieu-en-Bugey, 1402; Cerdon, 1474.

Bollioud et **Bullioud.** Outriaz, 1467; Bourg, 1520.

Bolomier. Poncin, 1420.

Bolozon (de). Bugey, 1304.

Bolozon. Bourg, 1718.

Bombourg et DE BOMBOURG. Loyes, 1634. V. *Debombourg.*

Bomboy (de). Matafelon, 1336.

Bon. Lagnieu, 1357; Montréal, 1393; Foissiat, 1401; Bourg, 1753.

Bona. Saint-Rambert, 1356; Foissiat, 1437.

Bona (de). Chantonax, 1304; Pays de Gex, 1402; Montréal, 1460.

Bonardat. Bugey, 1608.

Bonchamp. L'Abergement, 1348.

Bonchrétien. Ambérieu-en-Bugey, 1334.

Bondellion. Bourg, 1307.

Bondet. Bénonces, 1323; Chalamont, 1433.

Bonnet. Genay, 1258; Meximieux, 1278; Varey et Bugey, 1302; Cormoranche, 1346; Chalamont, 1410; Ambronay, 1438; Saint-Germain-d'Ambérieu, 1449.

Bonfils. Dombes, 1599.

Bonier. Miribel, 1433; Bourg, 1474; Gex, 1542; Saint-Rambert, 1621; Dombes, 1664.

Boniface. Bourg, 1344.

Bonilvere. Rossillon, 1457.

Bonin. Betheneins, 1298; Villars, 1472; Serrières, 1558.

Boninez. Rossillon, 1624.

Bonivard. Chambéry, 1277; Beynost, 1278; Grilly, 1455; Lompnes, 1518.

Bonjean. Pays de Gex, 1497.

Bonjour. Ambronay et Genay, 1297.

Bons (de). Farges, 1746.

Bontault. Belley, 1702.

Bonvallet. Villars et Bourg, 1514.

Bonzon. Genay, 1278.

Borbollion. Buellas, 1430.

Bordeaux. Amareins, 1751.

Bordat. Bâgé, 1565.

Bordes. Saint-Rambert, 1463.

Bordes (de). Dagneux, 1530.

Bordes (des). Châtenay, 1328.

Bordet. Corveissiat, 1314; Bourg, 1419; Pont-de-Veyle, 1442.

Bordier. Saint-André-le-Panoux, 1319; Belley, 1707.

Bordonier. Pays de Gex, 1642.

Bordou. Beaujeu, 1223; Guéreins, 1448; Bourg, 1505.

Borduas. Trévoux, 1391.

Borjat et **Bourjat.** Dagneux, 1278; Neuville, 1581.

Borjon. Pont-de-Vaux, 1648.

Bornarel. Ambronay, 1297; Lochieu, 1486.

Borne. Genay, 1739.

Borni. Montrevel, 1444.

Bornon. Montluel, 1297.

Borre. Bâgé, 1453.

Borrel. Dagneux, 1278.

Borsat. Saint-Nizier-le-Bouchoux, 1418.

Borselim. Belley, 1570.

Borseu (de). Villebois, 1392.

Borchat (de). Civrieux, 1261.

Bossan. Treffort, 1621.

Bosson. Douvres, 1361; Meximieux, 1423; Pays de Gex, 1640.

Botentut (de). Jailleux, 1230.

Botte (de la). Miribel et Rigneux-le-Franc, 1273; Valeins, 1348.

Bottex. Varey, 1457.

Bottier. Bourg, 1745.

Bottu de la Balmondière. Dombes, 1704.

Bouchard. Bourg, 1645.

Boucher. Dompierre-de-Chalamont, 1465.

Bouchet. Châtillon-les-Dombes, 1406.

Bouchon. Rancé, 1341.

Bouchoux. Cerdon, 1481.

Bouchu. Pont-de-Veyle, 1678.

Bouclard. Malafretaz, 1338.

Bouquet. Crans, 1416; Bourg, 1627.

Bouczan. Bugey, 1345.

Boudain. Pays de Gex, 1412.

Boudet. Meximieux, 1278; Martignat, 1680.

Bouguet. Gex, 1680.

Bouhier. Versailleux, 1682.

Bouillet. Belley, 1666.

Bouis. Bourg, 1546.

Boujard. Dombes, 1623.

Boulard. Bourg, 1639; Rillieux, 1766.

Boullaye. Bugey, 1560.

Boulenger. Montrevel, 1536.

Bourbon. Chaneins, 1457; Ceyzériat, 1483.

Bourdignet. Belley, 1601.

Bourdin. Saint-Sorlin-de-Cuchet, 1303; Ambronay, 1511.

Bourdon. Betheneins, 1278; Vescours, 1425; Grièges, 1519; Dombes, 1595.

Bourg (du). Meximieux, 1278; Pont-de-Veyle, 1315; Bugey, 1350; Marboz, 1393; Pont-d'Ain, 1395; Chalamont, 1429.

Bourg. Ruffieu, 1718.

Bourgeois. Montanges, 1337; Gex, 1350; Viriat, 1349; Saint-Trivier-de-Courtes, 1400; Chalex, 1436; Biziat, 1495.

Bourges (de). Mézériat, 1646.
Bourgey. Jayat, 1624.
Bourguignon. Montluel, 1372; Tossiat, 1412; Virieu-le-Grand, 1563; Pont-de-Veyle, 1582.
Bourset. Lapérouse, 1462.
Boursier. Ambronay, 1297.
Boursot. Gex, 1626.
Bourthequoy. Montrevel, 1650.
Boussard. Bourg, 1641.
Boutier. L'Abergement, 1451.
Bouvand. Confrançon, 1349.
Bouvard. Belley, 1240.
Bouvery. Seyssel, 1337; Chemillieu, 1714.
Bouveyron. Ambronay, 1399.
Bouvent (de). Bugey, 1293.
Bouverat. Treconnas, 1483.
Bouvet. Valromey, 1313; Poncin, 1424; Montréal, 1522.
Bouvier. Saint-Sorlin-de-Cuchet, 1255; Belley, 1379; Châtillon-les-Dombes, 1383; Bény, 1393; Bourg, 1415; Ruffieu, 1510; Brenaz, 1558.
Boyat. Pont-de-Veyle, 1501; Dombes, 1639.

Boyron. Saint-André-de-Corcy, 1462.

Bozan. Montluel, 1488.

Bozon. Oncieu, 1347; Trévoux, 1574; Belley, 1606.

Bozonnet. Châtillon-les-Dombes, 1383; Marboz, 1445; Verjon, 1505; Cuet, 1556.

Brachet. Condamine-la-Doye, 1160; Ambronay, 1297; Brénod, 1309; Vieu-en-Valromey, 1393; Anglefort, 1613.

Brancion (de). Arbigny, 1216.

Bramalon (de). Bugey, 1310.

Bramma ou **Bromma.** Dompierre-de-Chalamont, 1217.

Branche. Lagnieu, 1661.

Brangier. Mâcon et Asnières, 1600; Foissiat, 1653; Bourg, 1714.

Brayard. Tramoyes, v. 1550.

Brazard. Saint-Sulpice, 1646.

Brazier. Châtillon-les-Dombes, 1537.

Brebant. Parcieux et Reyrieux, 1461.

Brenaton. Bourg, 1471.

Brénas. Sault-Brénas, 1171.

Brenod. Pressiat, 1357.

Bressens. Montaney, 1170; Thoissey, 1236;

Condeyssiat, 1283; Saint-Trivier-de-Courtes, 1417.

Bressetin. Meximieux, 1681.

Bresson. Riottiers, 1472.

Bret. Villars, 1398.

Breton. Illiat, 1376.

Breuil (du). Cerdon, 1336; Nantua, 1439.

Briandas (de). Girieux, 1247; Dombes, 1428.

Bricod. Haut-Bugey, 1675.

Bridoux. Dombes, 1619.

Brie (de). Nantua, 1400; Chalamont, 1467.

Briguet. Talissieu, 1690.

Brillat. Lochieu, 1486; Pierre-Châtel, 1502; Belley, 1601.

Brillat-Savarin. Belley, 1773.

Briord (de). Briord, 1112.

Brinchet. Bourg, 1681.

Brissaud. Bâgé, 1402.

Brisson. Crans, 1403.

Brochant. Foissiat, 1401.

Brochet. Outriaz, 1467; Saint-Maurice-de-Beynost, 1509.

Brodet. L'Abergement-Clémenciat, 1467.

Broisserat. Saint-Jean-sur-Veyle, 1532.

Bron (de). Vancia, 1235.

Brondel. Saint-Germain-d'Ambérieu, 1496.

Brossard. Vonnas, 1450; Saint-Rambert, 1495; Pont-de-Vaux, 1602; Bourg, 1623.

Brosses (de ou des). Clémenciat, 1304; Loyes, 1409; Pays de Gex, v. 1510.

Brost. Belley, v. 1700.

Brotin. Montcroissant, 1607.

Broyer. Bâgé, 1452; Saint-Etienne-sur-Chalaronne, 1667.

Broyère (de la). Sulignat, 1313; Bâgé, 1375.

Bruchet. Bourg, 1615.

Bruel. Pays de Gex, 1366.

Bruillard. Gex, 1714.

Brun. Villars, v. 1145; Miribel, 1278; Belley, 1308; Saint-Trivier-sur-Moignans, 1333; Bourg, 1415; Evosges, 1441; Cerdon, 1496; l'Abergement-Clémenciat, 1521.

Brunaud. Reyrieux, 1279.

Brunet. Cornaton, 1359; Pont-de-Vaux, 1390; La Boisse, 1392; Saint-Cyr, 1405; Montluel, 1417; Saint-Etienne-sur-Chalaronne, 1437;

Bâgé, 1439; Châteauneuf, 1443; Peron, 1504; Oyonnax, 1537; Bourg, 1636; Poncin, 1710.

Brunicard. Montluel, 1419.

Brunier. Neyrieu, 1600.

Bruno. Belley, 1734.

Bruny. Cerdon, 1517.

Brutin. Marboz, 1384; Montluel, 1465.

Bruymaud. Bourg, 1717.

Bruyset. Bellet, 1594.

Bruzillet. Dombes, 1654.

Bua. Bâgé, v. 1170.

Buart. Villeneuve, 1352.

Buatier. Chalamont, 1466; Saint-Trivier-de-Courtes, 1534; Bourg, 1538.

Buaton. Trévoux, 1569.

Buchet. Curciat, 1374; La Franchise, 1438; Montanges, 1439.

Buclet. Saint-Trivier-sur-Moignans, 1621.

Buczard. Châtillon-les-Dombes, 1441.

Budé. Pays de Gex, 1674.

Budin. Saint-Paul-de-Varax, 1529.

Buelle (de). Buénans, 1321.

Buenc. Bohan, avant 1145.

Buffard. 1402; Tavernost, 1453.

Buffet. Cesseins, 1333; Malafretaz, 1445; Bourg, 1502.

Buffom. Gex, 1680.

Bugnet. Illiat, 1461.

Bugniat. Cerdon, 1336.

Bugnier. Seyssel, 1637.

Buisadam. Bresse et Dombes, 1411.

Buisson. Billiat, 1563.

Bullieu (de). Saint-Trivier-sur-Moignans, 1286.

Bullion (de). Bourg, 1601.

Burband. Magnieu, 1581.

Burdet. Montluel, 1312; Le Châtelard, 1351; Châtillon-les-Dombes, 1386; Echallon, 1395; Lagnieu, 1614.

Burdignin. Pays de Gex, 1356.

Burges (de). Viriat, 1467; Pont-de-Veyle, 1534.

Burgin. Ballon, 1344.

Burgod. Lompnes, 1404.

Burjoud. Cerdon, 1348; Corlier, 1467.

Burlat. Saint-Boys, 1607.

Burland. Saint-Germain-d'Ambérieu, 1450.

Burloud. Montluel, 1328; Bourg, 1417.

Burnet. Loyes, 1476; Peron, 1542.

Burnier. 1646.

Burtin. Marboz, 1399; Crottet, 1493; Mézériat, 1742.

Bussière (de). Bugey, 1275.

Bussillet. Montréal, 1393.

Bussod. Bourg, 1507.

Bussy (de). Izernore et Bugey, 1212.

Butavant (de). Turgon, 1334; Ambronay, 1388.

Butillion. Dombes, 1592.

Buyat. Bezeneins, 1376.

Buyer. Viriat, 1348; Dombes, 1611.

Buynand. Saint-Denis-le-Chosson, 1527.

Buys. Le Plantay, 1473.

C

Cabardel. Crans, 1437.

Caboud. Arbent, 1450; Nantua, 1617.

Cabuchet. Laiz, 1441; Lent, 1489; Marboz, 1493; Bourg, 1711.

Cachet. Jasseron, 1346; l'Abergement-Clémenciat, 1425; Viriat, 1436; Saint-André-de-Corcy, 1506; Trévoux, 1623.

Cademet. Bresse, 1540; Le Villars, 1563.

Cadot. Talissieu, 1249; Anglefort, 1407.

Cagnin. Soudon, 1353.

Caillard. Bey, 1686.

Caillat. Miribel et Chazey-sur-Ain, 1285; Valromey, 1351; Saint-Etienne-sur-Chalaronne, 1444.

Caille. Montluel, 1438.

Caillot. Nantua, 1427; Thoissey, 1727.

Cajot. Foissiat, 1420; Burnans, 1623.

Calendrat. Châtillon-les-Dombes, 1495.

Calet. Chaley, 1474.

Calliet. La Boisse, 1314.

Caligard. Montluel, 1767.

Calod. Glargin-en-Valromey, 1461.

Cambis (de). Messimy, 1686.

Camel. Saint-Nizier-le-Désert, 1410.

Camet. Montréal, 1557; Chauves, 1776.

Camier. Chevroux, 1480.

Campan. Dagneux, 1398; Villars, 1670.

Campet. Dombes, 1588.

Camus. Bourg, 1602 ; Belley, 1626 ; Belvey 1704.

Canal. Loyes, 1440.

Canavey. Ambronay, 1297 ; Lagnieu, 1331 Saint-Sorlin, 1412.

Candie (de). Saint-Bénigne, 1544.

Canet. Cras-sur-Reyssouze, 1419 ; Châtillon-les-Dombes, 1426.

Canier. Niévroz, 1750.

Cappon. Oyonnax, 1672 ; Belley, 1681.

Carbon. Bourg, 1691.

Cardon. Sandrans, 1684.

Caresmentrant. Miribel, 1380.

Carette. Lurcy, 1672.

Carin. Pays de Gex, 1442.

Carion. Châtillon-les-Dombes, 1399.

Carpin. Collex, 1558.

Carpinel. Curciat, 1481.

Carnet. Bourg, 1670.

Carra. Bény, 1393 ; Lagnieu, 1393 ; Chavornay, 1453 ; Bourg, 1459 ; Marboz et Replonges, 1530.

Carrax. Pays de Gex, 1554.

Carrel. Dombes, 1586 ; Seyssel, 1693.

Carret. Coligny, 1430; Dombes, 1581; Viriat, 1637.

Carrichon. Pays de Gex, 1558.

Carrier. Bourg, 1445; Sermoyer, 1448; Lochieu, 1486; Brénod, 1487; Saint-Jean-de-Gonville, 1529; Rothonod, 1635.

Carrige. Dombes, 1588.

Carron. Rochetaillée, 1405; Saint-Etienne-du-Bois, 1429; Châtillon-les-Dombes, 1431; Saint-Germain-les-Paroisses, 1521; Arandas, 1567; Niévroz, 1645.

Carronier. L'Abergement-Clémenciat, 1347; Bourg, 1465; Montribloud, 1477.

Cartaillier. Montluel, 1440.

Cartellier. Genève et Versoix, 1556.

Castallion (de). Châtillon-les-Dombes, 1500.

Castellam. Montdidier, 1429.

Casteret (de). Pays de Gex, 1626.

Catimel. Pérouges et Sainte-Croix, 1396.

Catin. Romans, 1406; Bâgé, 1423; Certines, 1709.

Caton. Belley, 1371; Bâgé, 1399; de La Roue, 1681.

Caussel. Bourg, 1638.

Cava. Montluel, 1505.

Cavalier. Dombes, 1586.

Cavasod. Bourg, 1542.

Cavet. Chalamont, 1522.

Cavoyne. Le Tiret, 1427.

Cellerier. Ambronay, 1297; Douvres, 1361.

Cemetière (de). Gex, 1766.

Cerdon (de). Cerdon, 1336.

Cerisier. Châtenay, 1396.

Cerveyrieu (de). Valromey, 1345.

Chabert. Béligneux, 1450; Meximieux, 1758.

Chabeu. Saint-Trivier-sur-Moignans, XIIIe s. (V. Saint-Trivier.)

Chabod. Arromas, 1324; Saint-Rambert, 1563.

Chabot (de). Trévemey, 1563.

Chaboud. Nantua, 1210; Rigneux-le-Franc, 1285; Bourg et Châtillon-les-Dombes, 1360; Saint-Trivier-sur-Moignans, 1411; Ruffieu-en-Valromey, 1499; Belley, 1604.

Chacipol. Bourg, 1329; Marboz, 1348; Foissiat, 1417; Treffort, 1424; Montrevel, 1427; Meillonnas, 1449.

Chadel. Ambronay, 1297; Charnoz, 1414; Seyssel, 1464.

Chaffanel. Savigneux, 1386; Pouilleux, 1457; Reyrieux, 1499.

Chaffol. L'Abergement-Clémenciat, 1384.

Chaillouvres (de). Chaneins, 1080.

Chailly (de). Trévoux, 1590.

Chaîme. Montluel, 1730.

Chaise (de la). Montluel, 1397.

Chalamel. Dombes, 1564.

Chalamet. Bourg-Saint-Christophe, 1772.

Chalamont (de). Chalamont, XIe s.

Chaland. Loyes, 1749.

Chaland (de). Bourg, 1464; Varey, 1498.

Chalenda. Pont-de-Veyle, 1440; Dombes, 1588.

Chalex (de). Bugey, 1369.

Challes (de). Bourg, 1287; Châtillon-les-Dombes, 1416; Saint-Didier-sur-Chalaronne, 1422.

Challey. Ceyzérieu, 1572; Belmont, 1756.

Challier. Bourg, 1511.

Chalma (de). Betheneins, 1285.

Chalon. Loyes, 1439.

Chalours. Châtillon-les-Dombes, 1395.

Chalut. Belley, 1681.

Chamarande. Messimy, 1654.

Chamarcin. Bussinges, 1256.

Chamartin. Villars, 1336.

Chambard. Ambérieu-en-Bugey, 1339; L'Abergement, 1349; Saint-Germain-d'Ambérieu, 1361; Foissiat, 1401; Vonnas, 1436; Crottet, 1497; Bourg, 1562; Verjon, 1675.

Chambecey. Bethencins, 1285; Châtillon-les-Dombes, 1333.

Chambeyrieu. Saint-Germain-d'Ambérieu, 1344.

Chambiat. Corgenon, 1477.

Chambre. Montluel, 1372; Miribel, 1527; Bourg, 1780.

Chambre (de la). Saint-Germain-d'Ambérieu, 1344; Bourg, 1416; Bancins, 1424; Neyrieu, 1501.

Chambrier. Miribel, 1524.

Chambuyer (de). Rossillon, 1250.

Chambut. La Tranclière, 1249; Saint-Martin-du-Mont et Tossiat, 1267; Corveissiat, 1324.

Chamburey (de). Bugey, 1353; Cordon, 1405.

Chamosset. Genay, 1436; Trévoux, 1477.

Chamosson. Jasseron, 1402.

Champagne (de). Champagne, 1249; Meximieux, 1766.

Champamel (de). Thoissey et Saint-Didier-sur-Chalaronne, 1330.

Champamey. Montrevel, 1369.

Champecourt. Villereversure, 1714.

Champenois. Bresse, 1393.

Champier. Saint-Didier-sur-Chalaronne, 1376; Charizailles, 1408; la Bâtie, 1579; la Fange, 1602.

Champillon. Beynost, 1285.

Champion. Pays de Gex et la Bâtie-Beauregard, 1356; Bourg, 1473; Poncin, 1705.

Champloup. Meximieux, 1423.

Champremont (de). Loyes, 1328.

Champrougeroux (de). Coligny, 1449.

Chanal. Genay et Miribel, 1285; Vonnas, 1449; Bâgé, 1453; Trévoux, 1567; Bourg, 1574.

Chanaud. Crans, 1477; le Plantay, 1761.

Chanaz. Marboz, 1417.

Chandée (de). Vandeins, 1280.

Chandelier. Trévoux, 1391.

Chandeniers. Saint-Etienne-sur-Chalaronne, 1347.

Chandeon. Pont-de-Veyle, 1671.

Chane. Marboz, 1482.

Chaneins (de). Chaneins, XIII s.

Chanel. Saint-Trivier-sur-Moignans, v. 1150; Marboz, 1445; Châtillon-sur-Chalaronne, 1482; Foissiat, 1616.

Chaney. Attignat, 1338.

Chaney (de). Saint-André-d'Huiriat, Mizérieux, Riottier et Montanay, 1324.

Chanlecy (de). Versailleux, 1628.

Chanorrier. Dombes, 1616.

Chantepied. Trévoux, 1575.

Chanterel. Le Monteillier, 1372; Dombes, 1640.

Chanu. Rigneux-le-Franc, 1285; Meximieux, 1308; Pont-de-Veyle, 1313; Peyzieux, 1324; Chareyziat et Viriat, 1347; Bourg, 1349; Crottet, 1443; Feillens, 1492.

Chanves (de). Lagnieu, 1255.

Chapelle (de la). Rey, 1187; Saint-Martin-le-Châtel, 1430 ; Genève et Ferney, 1445 ; Buellas, 1477.

Chapelier. Bresse, 1281 ; Bourg, 1343 ; Châtillon-les-Dombes, 1540 ; Neuville-les-Dames, 1560.

Chaponod. Pont-de-Veyle, 1409 ; Miribel, 1433 ; Lent, 1544.

Chapiron. Graveins, 1333.

Chapolard. Pouilleux, 1505.

Chappe. Lyon, 1634 ; Brion, 1769.

Chappelan. Cormoranche, 1346 ; Attignat, 1355 ; Faramans, 1364 ; Viriat, 1432.

Chappes (des). Romans, 1437.

Chappon. Poncin, 1419 ; Bourg, 1432 ; Treffort, 1563.

Chappuis, Chapuis, Chapuys, etc. Saint-Trivier-sur-Moignans, 1333 ; Trévoux, 1338 ; Viriat, 1347 ; Pont-d'Ain, 1360 ; Agnereins, 1386 ; Montanay, 1396 ; Vescours, 1425 ; Miribel et Chalamont, 1433 ; Chaveyriat, 1444 ; Ambronay, 1466 ; Corgenon, 1656 ; Hauvet, 1686 ; Tramoyes, 1690.

Charavit. Druillat, 1361.

Charbonnel. Montceaux, 1324 ; Condeissiat, 1417 ; Lent, 1451 ; Bourg, 1601 ; Dombes, 1648.

Charbonnier. Miribel et Betheneins, 1285; Villars, 1438 ; Sulignat, 1450 ; Saint-Maurice-de-Beynost, 1509 ; Saint-Trivier-de-Courtes, 1564 ; Bourg, 1608 ; Crangeat, 1623.

Charcot. Belley, 1738.

Chardoney. Parcieux, 1500.

Chargioux. Pays de Gex, 1412.

Charles. Charnoz, 1573.

Charlet. Châtillon-les-Dombes, 1426.

Charlin. Saint-Bernard, 1377 ; Groslée et Belley, 1606.

Charme (la). Foissiat, 1440 ; Malafretaz, 1473 ; Montrevel, 1499 ; Pirajoux, 1563.

Charmondière (de la). Rignat, 1776.

Charnet. Saint-Etienne-sur-Chalaronne, 1376.

Charnoz. Charnoz, 1334, Montgriffon, 1345 ; Saint-Trivier-de-Courtes, 1420 ; Cessiat, 1422 ; Saint-Germain-d'Ambérieu, 1496 ; Marcillat, 1563.

Charpentier. Meillonnas, 1363.

Charpin. Belley, 1707.

Charpinel. Chazey-sur-Ain, 1285.

Charpy. Ambronay, 1297 ; Châteauneuf, 1443.

Charra. Dombes, 1588.

Charrers. Beynost, 1285.

Charreton. Ambronay, 1297; Saint-Bernard, 1377; Monthieux, 1421; Bressolles, 1454; Veyziat, 1548; Dombes, 1577.

Charrier. Pont-d'Ain, 1421; Marboz, 1494; Bourg, 1505; Sandrans, 1679.

Charrin. Montmerle, 1580; Guéreins, 1672.

harvet. Saint-Sorlin-de-Cuchet, 1361; Vieu-en-Valromey, 1421; Pont-de-Veyle, 1495; Saint-Maurice-de-Beynost, 1509; Neuville-sur-Renom, 723.

Charveyron. Dombes, 1646.

harvin. Laiz, 1439.

Charvolay (de). Saint-Paul-de-Varax, 1227.

Chasaux. Villars, 1398.

Chassagnard. Bresse, 1264.

Chassagne (de). Buénans, 1263; Relevant, 313.

Chassagnon. Thoissey, 1622.

Chassey. Bourg, 1700.

Chassiboud. Neuville-sur-Renom, 1356.

Chatagnier. Biziat, 1361; Illiat, 1376; Jouvres, 1488.

Chataney. Faramans, 1364.

Chatard. Nantua, 1314; Poncin, 1323; Arbent, 1336; Champagne, 1345; Châteauneul, 1352; Argis, 1380; Foissiat, 1401.

Châteaumartin. Châteauneuf, 1442; Seyssel, 1492; Belmont, 1513; Artemare, 1547.

Châteauvieux. Bresse, 1438. (V. *Coucy* et *Verjon*, qui sont la même famille.)

Châtel (du). Bâgé, 1295; Saint-Jean-de-Gonville, XIVe s.; Collonges, 1445; Richemont, 1508; Bourg, 1531.

Châtelain. Cerdon, 1352.

Chatelard (du). Marlieux, 1279; Bourg et Saint-Remy, 1307.

Châtelet. Saint-Trivier-sur-Moignans, 1457; Saint-Cyr-sur-Menthon, 1646.

Châtenay (de). Dommartin et Saint-Didier-d'Aussiat, 1265; Chanoz-Châtenay, 1274; Saint-Didier-sur-Chalaronne, 1398.

Chateney. Rancé, 1458; Pont-de-Veyle, 1631.

Châtillon. Bourg, 1554.

Châtillon (de). Châtillon-sur-Chalaronne, 1023; Châtillon-de-Michaille, 1158; Sermoyer, 1170; Bourg, 1353.

Chatron. Neuville-sur-Renom, 1459.

Chaudy. Montluel, 1747.

Chaumont (de). Buellas, Polliat et Montracol, 1265; Lent, 1286; Ceyzériat, 1300; Corgenon, 1301; Pérouges, 1376.

Chaussat. Fleyriat et Bourg, 1530; Pirajoux, 1539. V. *Chossat*.

Chausson. Crans, 1460.

Chavagnat (de). Bugey, 1336.

Chavanes (de). Villars, 1464; Cessy, 1552.

Chavanne. Gex, 1705.

Chavannes (de). Chavannes-sur-Suran, 1170.

Chavel. Gorrevod, 1420.

Chavet. Genay, 1477.

Chaveyriat (de). Bresse, 1226; Lyon, 1361.

Chavorlay (de). Saint-Germain-de-Renom et Marlieux, 1314.

Chavornay (de). Valromey, 1169.

Chavry. Bourg, 1650.

Chavy. Bâgé, 1678.

Chayne. Saint-Rambert, 1307; Saint-Trivier-sur-Moignans, 1333.

Chazal. Marboz, 1775.

Chazelles (de). Montluel, 1403.

Chazellet (de). Villars, 1457.

Chazey. Chazey-sur-Ain, 1236; Meximieux, 1423; Pérouges, 1628; Bourg, 1672.

Cheguillon. Ceyzériat, 1592.

Chemillieu (de). Valromey, 1280.

Chemin (du). Chevroux, 1478.

Cheminant (de). Varey, 1337; La Grésilière, 1531.

Chenal. Seyssel, 1619.

Chenel. Lompnes, 1614.

Chenellon. Dombes, 1626.

Chenement. Belley, 1537.

Chenevard. Balon, 1483.

Chenu. Belley et Talissieu, 1673.

Cherel. Ceyzériat, 1383.

Chernage. Montréal, 1503.

Chesaus. Montdidier et Marciat, 1336.

Chesne. Bourg, 1741.

Chesne (du). Pays de Gex, 1527.

Chessieux (de). Lagnieu, 1096.

Cheval. Saint-Amour, 1512.

Chevalier. Châtillon-les-Dombes, 1463; Pont-d'Ain, 1564; Ferney, 1601; Vonnas, 1639; La Boisse, 1760.

Chevassu. Viriat, 1345; Ronzuel, 1353.

Chevenet. Montluel, 1725.

Chevelu (de). Saint-Rambert, 1329; Chaney, 1642.

Chevillard. Saint-Laurent, 1374; Châtillon-les-Dombes, 1415; Bourg, 1480.

Chevraux. Montfalcon, 1563.

Chevrier. Esnes et Asnières, 1339; Bourg, 1391; Treffort, 1415; Saint-Trivier-de-Courtes, 1425; Saint-Laurent, 1453; Marboz, 1494; Serrières-de-Briord, 1609; Belley, 1656; Saint-Didier-d'Aussiat, 1694.

Chevriers (de). Marmont, 1563; Le Montellier, 1718.

Chevrot. Bourg, 1383; Ceyzérieu, 1444.

Cheynel. Peyrieu, 1653; Saint-Martin-de-Bavel, 1695.

Cheyruel. Châtillon-les-Dombes, 1347.

Chichon. Bourg, v. 1410.

Chiel (de). Crans, 1429; Beaulieu et Turgon, 1442; Pérouges, 1471.

Chiloup (de). Druillat, 1341; Montluel, 1411; Ambérieux-en-Dombes, 1466; Saint-Rambert, 1476.

Chintré (de). Cormoranche, 1420.

Chissey (de). Bresse, 1295.

Chissiria (de). Dortan, 1337.

Chivrot. Montluel, 1433.

Chivron (de). Versailleux, 1773.

Chochod. Sermoyer, 1462.

Chol. Sathonay, 1285; Bourg, 1423; Montluel, 1717.

Cholet. Bâgé, 1273.

Cholex. Pays de Gex, 1447.

Cholier. 1272; Cibeins, 1386.

Chomeau. Montrevel, 1694.

Chondens. Thoiry, 1557.

Chonod. Niévroz, 1723.

Chossat. Marboz, 1493; Bourg, 1679.

Chosson. Montluel, 1392.

Chotin. Dombes, 1644.

Chou. Saint-André-de-Briord, 1596.

Chouat. Bresse et Bugey, 1602.

Chrestien. Dombes, 1617.

Christin. Luponnas, 1361; Pays de Gex, 1447; Vieu-en-Valromey, 1558.

Chudel. Châtillon-la-Palud, 1462.

Churlet. Dagneux, 1732.

Cilligny. Pays de Gex, 1482.

Cimandres (de). Saint-Trivier-de-Courtes, v. 1440.

Cirier. Montluel, 1751.

Cirizier. Argis, 1602.

Civriat (de). Civriat, 1428; Pressiat, 1563.

Cizaire. Biziat, 1466.

Cizeron. Le Vernayes-Bronna, 1720; Lent, 1738; Pionnein, 1758.

Claire-Fontaine (de). Miribel, 1285.

Clapisson. Montanay, 1679.

Claret. Manziat, 1355; Crottet, 1393.

Clarin. Bourg, 1770.

Claudon. Bresse, 1595.

Clavel. Montluel, 1342; Viriat, 1346; Bourg, 1349; Châtillon-les-Dombes, 1551.

Clavellet. Confranchette, 1421.

Clavière. Miribel, 1409.

Clavy. Bourg, 1692.

Clay (de la). Montrevel, 1349; Saint-Julien-sur-Veyle, 1371; Châtillon-les-Dombes, 1523.

Cléberg. Saint-Trivier-sur-Moignans, 1564.

Clémencia (de). Clémencia et Dompierre-de-Chalaronne, 1259.

Clémencin. Saint-Trivier-sur-Moignans, 1361.

Clément. Crans, 1405; Joyeux, 1449; Vonnas, 1464; Bourg, 1599.

Clerc. Montluel, 1247; Bussiges, 1285; Saint-Jérôme, 1373; Savigneux, 1380; Le Balmey, 1413; Neuville-sur-Ain, 1449; Pont-de-Vaux, 1477; Poncin, 1488; Sermoyer, 1523; Etables, 1577; Seyssel, 1587; Chazey-sur-Ain, 1674; Bourg, 1690.

Clerget. Bresse, 1686.

Clerjot. Montmerle, 1333.

Clermont (de). Marsonnas, 1250; Château-Gaillard, 1365; Montgriffon, 1404; Sanciat, 1417; Bourg, 1584; Dombes, 1626; Flaxieu, 1653.

Cleysieu (de). Villebois, 1318.

Cloppet. Bourg, 1418.

Clos (du). Belley et Valeins, 1333; Ceyzériat, 1383; Viriat, 1421; Bourg, 1442.

Clugny. Bourg, 1661.

Clunet. Saint-Didier-de-Formans, 1500.

Coberthoud. Dommartin-de-Larenay, 1283.

Cochard. Foissiat, 1401.

Cochet. Rigneux-le-Franc, 1285; Pressiat,

1340; Bourg, 1349; Bâgé, 1352; Saint-Paul-de-Varax, 1355; Nantua, 1395; Saint-Rambert, 1462; Savigneux, 1461.

Cochin. Jayat, 1437.

Cochod. Arandas, 1335.

Cochon. Foissiat, 1426.

Cocogne. Laiz, 1495.

Cocon. Bourg, 1704.

Coendrieu. Chalamont, 1533.

Cogniat. Cerdon, 1485.

Cognins (de). Châtillon-les-Dombes, 1280.

Cohemard. Rossillon, 1433.

Coillet. Miribel, 1285.

Coinde. Meximieux, 1285; Montluel, 1496; Civrieux, 1498.

Coisiat (de). Coisiat, 1337; Marsonnas, 1347.

Cointet. Meximieux, 1278; Saint-Martin-le-Châtel, 1334; Saint-Didier-d'Aussiat, 1340; Bourg, 1461; Marboz. 1495; La Féole, 1543; Lagnieu, 1632; Bourg, 1711.

Cointier. Bourg, 1707.

Colex. Grilly, 1538.

Coligny. Revermont et Bresse, XIe s.

Colin. Bugey, 1334; Lagnieu, 1359; Montréal,

1425; Saint-Christophe, 1458; Pont-d'Ain, 1473; Bourg, 1654.

Collabeau. Châtillon-la-Palud et Villette, 1718.

Collard. Miribel, 1471.

Collet. Bussiges, 1285; Meximieux, 1423; Saint-Bernard, 1477; Saint-Didier-de-Formans, 1500; Châtillon-sur-Chalaronne, 1573; Valromey, 1574; Saint-Didier-sur-Chalaronne, 1620.

Collier. Surjoux, 1621.

Colliet. Saint-Trivier-sur-Moignans, 1333; Bey, 1376; Saint-Didier-sur-Chalaronne, 1446; Montréal, 1459; Izernore et Villars, 1468.

Colliex. Richemont, 1654.

Collignon. Bourg, 1704.

Collinet. Dombes, 1635.

Collions. Viriat, 1346.

Collognier. Cessy, 1497; Gex, 1559.

Colmont. L'Ile, 1714.

Colomb. Ambronay, 1271; Bâgé, 1342; Marboz, 1445; Manziat, 1463; Bourg, 1485.

Colombet. Lagnieu, 1315; Miribel, 1418; Bourg, 1479; Saint-Germain-de-Joux, 1522; Treffort, 1604; Poncin, 1649; Coligny, 1701.

Colonge (de la). Dombes, 1325; Reyrieux, 1464; Toussieux et Civrieux, 1477. V. **Delacolonge**.

Colugniot. Loyes, 1453.

Combe (de la). Bénonces, 1361; Meximieux, 1436; Seyssel, 1496.

Combet. Seyssel, 1325; Châtillon-sur-Chalaronne, 1333; Montluel, 1419; Bourg, 1512; Ceyzérieu, 1596; Rossillon, 1737.

Commisserin. Arbent, 1419.

Compagniard. Marboz, 1362; Foissiat, 1400.

ompagnon. Parcieux, 1490; Groslée, 1606.

Compain. Lurcy, 1727.

Compare. Virieu-le-Petit, 1383; Le Balmey et Montréal, 1494.

Compeis (de). La Bâtie-Beauregard, 1299; Pouilly-Saint-Genis, 1480.

Comte. Nantua, 1399; Vonnas, 1447; Gex, 1542; Pont-de-Veyle, 1629; Bourg, 1690; Montluel, 1752.

Conas (de). Mornay, 1336.

Condamine (de la). Dagneux, 1285; Condamine-la-Doye, 1304.

Condeissiat (de). Bresse, 1314.

Condrieu (de). Versailleux, 1540.

Confavreux. Poncin, 1657.

Confignion (de). Genève, 1436; Grigny, 1446; Dardagny, 1479.

Conflens (de). Bourg, 1392.

Confortet. Gex, 1446.

Congery. Crans, 1785.

Constantin. Rigneux-le-Franc et Vancia, 1785; Condeissiat, 1361; Meximieux, 1459; Saint-André-de-Corcy, 1475; Loyettes, 1502; Ambronay, 1534; Seyssel, 1607; Chanay, 1620; Pont-de-Veyle, 1706.

Convert. Cuet, 1317; Annecy et Châtillon-les-Dombes, 1462; Bourg, 1570; Trévoux, 1598; Ceyzériat, 1634.

Conzié (de). Châtillon-en-Choutagne, 1364; Poncin, 1488.

Coponay. Pays de Gex, 1412.

Coquard. Viriat, v. 1500; Ambérieux-en-Dombes, 1681.

Coquet. Onglas, 1392.

Corant. Viriat, 1349; Bourg, 1455; Ambronay, 1488.

Corbattière (de la). Ambronay, 1578.

Corbeau (de). Bresse, 1200.

Corbet. Cerdon, 1422; Ambronay, 1482; Signy, 1584.

Corbier. Crans, 1456.

Corbière (de la). Gex, 1548.

Corbon. Bugey, 1315.

Corcelles (de). Chavannes-sur-Reyssouze, 1339; Saint-Germain-d'Ambérieu, 1344.

Corcellu. La Balme-sur-Cerdon, 1433.

Cordier. Miribel, 1285; Confranchesse, 1287; Saint-Trivier-sur-Moignans, 1333; Attignat, 1446.

Cordieux (de). Mézériat, 1417.

Cordon (de). Bugey, XIIe s.; Loyes, 1285; Eviéu, 1286; Les Marches, 1352; Champremont, 1463.

Corent (de). Bresse, 1238; Villereversure, 1280; Viriat, 1347; Tanay et Trévoux, 1406.

Corgenon (de). Bresse, 1346; Meillonnas, 1354.

Corgne (Le). Sainte-Euphémie, 1672.

Corguillierex (de). Bossy, 1554.

Corlet. Vandeins, 1339.

Corlier. Pont-d'Ain, 1471.

Corlier (de). Corlier, 1334.

Corlonon. Montréal, 1437.

Cormarenche (de). Poncin, 1424.

Cornaloup (de). Treffort, 1421.

Cornaton (de). Confrançon, 1219.

Corneglia. Piémont et Bresse, 1605; Montluel, 1609.

Corneil. Geovressiat et Nantua, 1482.

Cornier. Beseneins, 1376; Cormoz, 1499.

Cornod ou **Cornon** (de). Chaveyriat et Vandeins, v. 1320; Romenay, 1422.

Cornu. Chazey-sur-Ain, 1264; Foissiat, 1343; Marboz et Attignat, 1427; Ambronay, 1457; Vanchy, 1557.

Correlier. Foissiat, 1401.

Corrobert (de). Chanoz-Châtenay, 1272.

Corsant (de). Bresse, XIIe s.

Corsin. Saint-Germain-de-Beynost, 1285; La Boisse, 1314; Vonnas, 1361.

Cortabanet. Condeissiat, 1353.

Cortois. Châteauneuf, 1563; Meximieux,

1575; Chemillieu-en-Valromey, 1602; Jujurieux, 1656; Attignat, 1699.

Corton. Bourg, 1685.

Corveysia. Bresse, 1463; Bugey, 1498.

Cosset. Bellegarde, 1633.

Cossieux. Le Montellier, 1476.

Costaing. Tramoyes, 1282; Montceaux, 1675.

Costa (de). Châtillon-sur-Chalaronne, 1561; Evieu et Cordon, 1700.

Costaz. Géhnieux, 1626; Champagne, 1718.

Coste. Juys et Trévoux, 1483.

Coste (de la). Genay, 1257; Montluel, 1312; Nantua, 1456; Richemont et Neuville-les-Dames, 1491; Attignat et Saint-Paul-de-Varax, 1529; Pont-de-Veyle, 1595; Bourg, 1637.

Cotal (du). Montcet, 1563.

Cotasse (la). Chaveyriat, 1565.

Cotey. Cormoranche, 1409.

Cothenet. Bourg, 1642.

Cottin. Montrevel, 1455; Saint-Rambert, 1569; Murs, 1589; Saint-Germain-d'Ambérieu, 1712.

Coucy (de). Saint-Didier-d'Aussiat, 1284; Ambronay, 1333. V. *Châteauvieux* et *Verjon*.

Cour (de la). Meyrin, 1356; Saint-Jean-de-Gonville, 1410; Hostel-en-Valromey, 1441; Bâgé, 1510; Bourg, 1617.

Courbet. Crans, 1512.

Court (de). Bresse, 1680.

Courtois. Saint-Etienne-sur-Chalaronne, 1507; Villeneuve, 1657.

Coutault. Bresse, 1548.

Couturier. Chavornay, 1264; Treffort, 1458.

Coux (de La). Bugey, xve s.

Covat. Dagneux, 1285; Montluel, 1392; Bourg, 1459.

Covet. Crémieux-en-Dauphiné et Montluel, 1326; La Balme-sur-Cerdon, 1433; Villars, 1464; Bourg, v. 1470; Replonges, 1492; Montribloud, 1590.

Cozon. Meximieux et Faramans, 1285; Ambronay, 1661.

Cra (de). Bresse, 1346; Bugey, 1382; Bourg, 1431.

Cras (de la). Niévroz, 1484; Lhuis, 1342; Saint-Rambert, 1482.

Cracier (de). Pays de Gex, 1360.

Craizel (de). Neyron, 1262.

Crans (de). Chalamont, 1375.

Crangeat (de). Attignat, v. 1300; Cormoranche, 1396.

Crassus. Bresse, 1563; Dombes, 1653.

Cremeaux (de). Saint-Trivier-de-Courtes, 1645; Chazey-sur-Ain, 1712.

Crépignat (de). Bourg, 1275.

Cressiat (de). Saint-Rambert, 1285.

Crest (du). Sergy, 1410; Chaveyriat, 1438; l'Abergement-Clémenciat, 1451.

Cret (du). Montréal, 1393; Arbent, 1419.

Cretin. Saint-Etienne-du-Bois, 1373.

Cripon. Bourg, 1431.

Cristin. Miribel et Meximieux, 1285; Challey, 1441.

Crochat. Bâgé, 1352; Saint-Germain-d'Ambérieu, 1392; Coberthoud, 1455.

Croison (de). Seyssel, 1617; Sillans, 1653.

Croix (de la). Bussiger, 1285; Arbignieu, 1418; Pont-de-Veyle, 1443; Bâgé, 1471; Replonges, 1492; Varambon, Varax, Châtillon-la-Palud, 1641.

Crollet. Chalamont, 1405; Saint-Sulpice-le-Vieux, 1483; Montfalcon, 1437.

Cropier. Treffort, 1475.

Croppet. Marboz, 1363; Saint-Trivier-sur-Moignans, 1411; Beaupont, 1419; Châtillon-les-Dombes, 1426; Saint-Julien-sur-Veyle, 1532; Bourg, 1670.

Cros (du). Saint-Germain-d'Ambérieu, 1404.

Crose (de la). Versailleux, 1274; Loyes, 1285; Marboz, 1445; Pirajoux, 1449; Meximieux, 1450; Gex, 1470; Ornex, 1510.

Croset (du). Bourg, 1405; Trévoux, 1510; Ferney, 1526; Villette, 1578.

Crosette (de). Poncin, 1348.

Crossier. Cruzilles, 1443; Marboz, 1493.

Croz (les). Curciat, 1442.

Crozet. Poncin, 1559; Montluel, 1768.

Crottier. Trévoux, 1650.

Crues (de). Rigneux-le-Franc, 1285; Sainte-Croix, 1655.

Crussy. Lilignod, 1636; Lompnieu, 1718.

Cua (la). Monthieux, 1421; Meximieux, 1450.

Cuaz. Cormaranche, 1381.

Cuchod. Cuisiat, 1604.

Cuet. Foissiat, 1417.

Cugniet. Cerdon, 1496; Brens, 1577.

Cuinier. Saint-Julien-sur-Reyssouze, 1621.

Cuisiat (de). Marsonnas, 1336.

Cuisinier. Pays de Gex, 1474.

Culat. Nantua, 1431; Marboz, 1446.

Cullet. Anglefort, 1468; Belley, 1577; Pugieu, 1767.

Cupillin. Pays de Gex, 1413.

Curnillion. Arnans et Bourg, 1431; Brou, 1520.

Curtaud. Dombes, 1598; Montluel, 1711.

Curtet. Cerdon, 1402; Rigneux-le-Franc, 1409; Chavannes-sur-Reyssouze, 1424; Jasseron, 1475; Cessy, 1550; Ambléon, 1723.

Curtil. Jayat, 1424; Vonnas, 1472; Foissiat, 1488; Bourg, 1621.

Curtillat. Saint-Maurice-de-Gourdans, 1621.

Curty. Montluel, 1621; Belley, 1690.

Cusance (de). Coligny, 1424.

Cusin. Chaneins, 1428; Corcelles et Lentenay, 1484; Pays de Gex, 1527.

Cusinens. Châtillon-les-Dombes, 1416; Valromey, 1425; Villes-en-Michaille, 1563.

Cusset. Marlieux, 1732.
Cuyssard. Dombes, 1626.
Cynet. Corbonod, 1609.
Cyvin. Saint-Rambert, 1318.
Cyvoct. Cerveyrieu, 1664; Thézillieu, 1676; Charancin, 1713; Massignieu-de-Belmont, 1726.

D

Dagallier. Vonnas, 1323; Crottet, 1493; Pont-de-Veyle, 1522; Châtillon-les-Dombes, 1554; Sulignat, 1565; Dombes, 1600; Saint-Cyr-sur-Menthon, 1629; Bâgé, 1668.

Dagoneau. Meximieux, 1632; La Pérouse, 1666.

Daignard. Saint-Germain-d'Ambérieu, 1518.

Daignon. Dombes, 1583.

Daigny. Mâcon et Bâgé, XVIe s.

Dalbignier. Vesancy, 1556.

Dalfin. Crans, 1408.

Dallemagne. Brens, 1577; Saint-Blaise, 1673; Peyrieu, 1752.

Dallières. Miribel, 1563.

Dalmais. Baneins, 1295; Genay, v. 1300; Saint-Didier-de-Formans, 1496.

Dalphin. Arbent, 1427.

Damas (de). Saint-Amour, 1490; Monthieux, 1615; Bresse, 1642.

Dandelin. Bourg, 1712.

Dandet. Dombes, 1608.

Danenche (de). Bény, 1290.

Daniel. Jujurieux, 1438.

Dantin. Montluel, 1565; Bourg. 1601.

Donmartin. Saint-Didier-sur-Chalaronne, 1466.

Dompmartin (de). Pays de Gex, 1272; Grigny, 1531.

Darbom. Poncin, 1337; Pont-de-Vaux, 1563.

Dardagny (de). Pays de Gex, 1400.

Darmes. Saint-Cyr-de-Relevant, 1406; Neuville-sur-Ain, 1449; Bourg, 1615; Dompierre-de-Chalamont, 1677.

Dart. Polliat, 1482.

Dassin. Talissieu, 1602; Ameyzieu, 1750.

Daugny. Rillieux, 1755.
Daulain. Bourg, 1624.
Daverdy. Bourg, 1633.
Daveyne. Dombes, v. 1620.
Davichon. Laiz, 1457.
David. Saint-Germain-d'Ambérieu, 1391; l'Abergement-Clémencia, 1402; Meximieux, 1457; Lochieu, 1486; Tramoyes, 1527; Dombes, 1591.
Davignon. Tramoyes, 1580.
Davillon. Pirajoux, 1670.
Daviollet. Lalleyriat, 1685.
Dayet. Rancé, 1470; Reyrieux, 1482; Pouilleux, 1526.
Debombourg. Trévoux, 1641.
Debons. Montréal, 1421.
Debotières. Villars, 1420.
Debout. Thil, 1760.
Debussières. Dombes, 1600.
Dechanal. Boissey, 1499.
Decourt. Jayat, 1641.
Decroso. Saint-Germain-d'Ambérieu, 1358; Pont-d'Ain, 1423; Pont-de-Veyle, 1501; [Bourg, 1670.
Definod. Belley, 1751.

Degletagne. Biziat, 1345; Pont-de-Veyle, 1607.

Delachapelle. Neuville-sur-Renom, 1549.

Delacolonge. Mogneneins, 1324; Peyrieux, 1468; Ambérieux-en-Dombes, 1580.

Delacoste. Dombes, 1621.

Delacroix. Pont-de-Veyle, 1470; Montagnat, 1546; Dombes, 1584.

Delafont. Dombes, 1580.

Delaplace. Saint-Etienne-sur-Chalaronne, 1507; Trévoux, 1638.

Delastre. Rossillon, 1782.

Delaumône. Ambronay, 1297.

Delaye. Sulignat, 1398.

Deléaz. Escrivieux, 1590; Pugieu, 1599; Contrevoz, 1618.

Deléglise. Girieux, 1247; Civrieux, 1477; Saint-Didier-de-Formans, 1480.

Delile. Saint-Bénigne, 1440.

Delilia. Montréal, 1665.

Delion. Chaveyriat, 1638.

Delorme. Haut-Bugey, 1255.

Deluan. Bourg, 1697.

Demonet. Bourg, 1583.

Demur. Belley, 1627.

Denis. Serrières, 1510; Ferney, 1759.

Dépéry. Challex, 1718.

Dephelines. Dombes, 1591.

Deprey. Bourg, 1455.

Deriaz. Meximieux, 1500.

Derochefort. Belley, 1647.

Dérognat. Bourg, 1340; Ramasse et Villereversure, 1644; Meillonnas, 1710.

Derriod. Songieu, 1388.

Derrys. Bourg, 1691.

Dervieux. Loyes, 1717; Villars, 1753.

Desaintjean. Sulignat, 1676.

Desamorots. Saint-Julien-sur-Veyle, 1652.

Desbois. Bourg, 1636; Genod, 1698.

Desbordes. Bourg, 1522; Cerdon, 1629; Le Châtelet, 1654; Dompierre-de-Chalamont, 1673; Bourg, 1715.

Desboulas. Foissiat, 1653.

Deschamps. Saint-Bernard, 1264; Saint-Trivier-sur-Moignans, 1333; Niévroz, 1399; Manziat, 1412; Neuville-sur-Renom, 1431; Bublanne, 1439; Perrex, 1473; Château-Gaillard, 1488; Crottet, 1495; Montaney, 1505; Juys, 1672.

Deschaux (le). Dombes, 1040; Civrieux, 1220; Girieu, 1247; Mionnay, 1308.

Descolonges. Savigneux, 1461.

Descours. Dombes, 1580; Thoissey, 1607; Ambérieu, 1672; Saint-Etienne-du-Bois, 1757.

Desforêts. Saint-Nizier-le-Désert, 1733.

Desgranges. Châtillon-sur-Chalaronne, 1333; Bourg, 1342; Saint-Georges-de-Renon, 1473; Seyssel, 1630.

Desgouttes. Monthieux, 1674.

Deshugonnières. Châtillon-les-Dombes, 1620; Bourg, 1677.

Désir. Saint-Julien-sur-Veyle, 1492.

Desloges La Pérouse, 1646.

Desmares. Saint-Nizier-le-Désert, 1380.

Desmorier. Gex, 1671.

Despiney. Montluel, 1449.

Desplanche. Saint-Jean-sur-Veyle, 1416.

Desplasses. Trévoux, 1672.

Després. Ambronay, 1298; Trévoux, 1391; Saint-Trivier-sur-Moignans, 1420.

Desrioux. Lyon, 1663; Messimy, 1686; Trévoux, 1696.

Desroys. Neyrieu, 1673.

17

Desvignes. Ambronay, 1438; Cruzilles, 1443; Dombes, 1613; Bourg, 1766.

Desvoyod. Bourg, 1649.

Devaulx et **Devaux.** L'Abergement-Clémencia, 1368; Dombes, 1612; Montanges, 1660.

Devillard. Bresse et Bugey, 1691.

Deville. Ambronay, 1598; Bourg, 1717.

Devillié. Montmerle, 1600; Genouilleux et Peyrieux, 1664.

Devises (des). Meximieux et Faramans, 1285.

Didelière (de la). Châtillon et Saint-Etienne-sur-Chalaronne, 1346.

Didier. Tossiat, 1358; Montluel, 1713; Montrevel, 1777.

Disbach. Varey, 1548.

Diguet. Pont-de-Veyle, 1457.

Digoine (de). Bourg-Saint-Christophe, 1684.

Dijam. Groissiat, 1647.

Dimanche. Chanay, 1631.

Dinet. Rives et Groslée, 1602; Jujurieux, 1645.

Dio (de). Sainte-Olive, 1350; Luysandres, 1703.

Disimieu (de). La Féole, 1522.

Dismier. Loyes, 1401; Corbonod, 1606; Lescheroux, 1687.

Divat. Dombes, 1643.

Divonne (de). Divonne, 1410.

Domaisin (de). Nattage, 1301.

Dombey. Saint-Rambert, 1282; Ambronay, 1297; Pont-de-Veyle, 1493; Saint-Jean-sur-Veyle, 1532; Simandre, 1649; Replonges, 1698.

Dompoint. Genay, 1392; Saint-Didier-sur-Chalaronne, 1443; Trévoux, 1611.

Dona. Ambronay, 1388.

Donat. Peyzieux, 1378.

Donet. Le Montellier, 1242.

Donjon (de). Franc-Lyonnais, 1606; Saint-Julien-sur-Veyle et Genay, 1657.

Donzel. Lausanne et Bossy, 1559.

Dor. Valromey, 1412.

Doret. Miribel, 1296; Montluel, 1328.

Dorier. Miribel, 1285; Farges, 1401. (V. *de Ville.)*

Dormay. Bresse et Bugey, 1659.

Dortan (de). Dortan, 1205.

Dory. Dagneux, 1760.

Doucet. Montrin, 1440.

Douglas. Montréal, 1611.
Dougnion. Romans, 1388.
Dousson. Chanoz-Châtenay, 1482.
Douvres (de). Douvres, 1234; Joyeux, 1272.
Douze (de la). Bâgé, v. 1170.
Doux (de). Seyssel, 1492.
Drevet. Saint-Etienne-du-Bois, 1530.
Dreymieu. Reyrieux, 1456.
Droigu. Bâgé, 1399.
Druays. Peyzieux, 1324; Marboz, 1564; Franclieu, 1592.
Drugnet. Pont-de-Veyle, 1534.
Dubaz. Joyeux, 1365.
Dubiez. Replonges, 1570; Arandas, 1685.
Dubois. Crans, 1401; Saint-Trivier-de-Courtes, 1563; Dombes, 1580; Trévoux, 1645; Montsimon, 1698.
Duboisson. Vouvray-en-Michaille, 1571.
Dubost. Montrevel, 1788.
Duc. Genay, 1285; Saint-Jean-sur-Veyle, 1424; Chanoz, 1431; Saint-Didier-sur-Chalaronne, 1478; Saint-Julien-sur-Veyle, 1529; Béreyziat, 1538; Baneins, 1640.

Ducarre. Ambérieu-en-Bugey, 1628; Fitignieu, 1686.

Duchat. Vieu-en-Valromey, 1393.

Duchemin. Bâgé, 1476; Bourg, 1490.

Duchesne. Seyssel, 1305; Saint-Genis-sur-Menthon, 1361.

Duchet. Bénonces, 1267.

Duclos. Bresse, 1582.

Ducloux. Dombes, 1659.

Ducret. Rigneux-le-Franc, 1285; Bugey, 1439; Arbent, 1506; Ambérieux-en-Dombes, 1580; Nantua, 1585.

Ducreux. Dombes, 1621.

Ducros. Groslée, 1649. (V. *Du Cros.*)

Duet. Beauregard, 1615.

Dufay. Saint-Jean-de-Thurigneux, 1672.

Dufert. Thoissey, 1532.

Dufort. Nizillet, 1705.

Dufour. Pont-de-Veyle, 1457; Bourg, v. 1460; Genève et Pays de Gex, 1554; Chaley-en-Bugey, 1613; Dombes, 1615; Hostel, 1653.

Dufournel. Montmerle, 1579.

Dugny. Arinthod et Saint-Trivier-de-Courtes, 1416; Villars, 1462.

Dugad. Certines, 1310; Dompierre-de-Chalamont, 1388; Bourg, 1493; Cras-sur-Reyssouze, 1642.

Dugard. Vesancy, 1655.

Dugaz. Villars, 1754.

Duglas. (V. *Douglas.*)

Dugoy. Parves-Nattages, 1668.

Dugros-Drenet. Belley, 1597.

Duin (de). Echenevex, 1474.

Dujast. Ambérieu-en-Bugey, 1769.

Dullin. Lyon et Tramoyes, 1581.

Dumas. Chalamont, 1371; Saint-Paul-de-Varax, 1448; Bublanne, 1498.

Dumolard. Meximieux, 1285; Saint-Sorlin-de-Cuchet, 1358; Lagnieu, 1393; Drom, 1412; Pont-d'Ain, 1495; Bourg, 1664.

Dumont. Peyzieux, 1324; Châtillon-sur-Chalaronne, 1333; Chalamont, 1397; Pont-de-Veyle, 1643.

Dumoulin. Ambronay, 1297; Pont-d'Ain, 1537.

Dunier. Loyes, 1439.

Dupasquier. Chambéry et Bresse, 1634.

Dupellier. Dombes, 1582; Neuville-sur-Renom, 1627.

Duplan. Bourg, 1530; Bény, 1646.

Duplessis. Trévoux, 1735.

Dupont. Neuville-sur-Renom, 1333; Chazelles, 1347; Crans, 1377; Trévoux, 1390; Lent, 1460; Sainte-Euphémie, 1480; Malafretaz, 1482; Saint-Didier-de-Formans, 1496; Chaley-en-Bugey, 1663.

Duport. Saint-Maurice-de-Rémens, 1397; Poncin, 1407; Nantua, 1566; Saint-Martin-du-Frêne, 1567; Cerdon, 1585; Bourg, 1631; Pierre-Châtel, 1656; Trévoux, 1750.

Dupra, **Dupras** et **Duprat.** Coisiat, 1348; Bourg, 1419; Chambéry, 1576.

Dupré. Ambronay, 1297; Saint-Denis près Bourg, 1309; Seyssel, 1360; Gourdans, 1500; Bourg, 1520; Marboz, 1529; Saint-Denis-le-Chosson, 1555; Trévoux, 1735.

Dupuis. Meximieux, 1285; Montmerle, 1374; Sainte-Julie, 1474; Montluel, 1477; Journans et Varey, 1490; Bourg, 1505; Vonnas, 1643; Gex, 1727.

Dupupet. Lagnieu, 1565; Saint-Trivier-de-Courtes, 1761.

Durand. Béthenems, 1285; Virieu-le-Grand, 1312; Girieu, 1314; Treffort, 1337; La Vavrette, 1359; Savigneux, 1386; Foissiat, 1401; Bourg, 1416; Poncin, 1424; Manziat, 1471; Chazey-sur-Ain, 1475; Montaney, 1477; Seyssel, 1492; Dombes, 1527; Nantua, 1534; Lagnieu, 1614.

Dureau. Bourg, 1677.

Durendat. Saint-Etienne-du-Bois, 1614.

Duret. Viriat, 1467.

Durette (de). Saint-Trivier-de-Courtes, 1465.

Durieu. La Serra-en-Bugey, 1678.

Durochat. Soudon, 1527; Ordonnas, 1544; Villebois, 1652; Bénonces, 1681.

Dusausay. Châtillon-les-Dombes, 1632.

Dutang. Illiat, 1437; Sainte-Euphémie, 1480.

Dutartre. Bourg, 1706.

Dutel. Bresse et Bugey, 1613.

Dutour. Bény, 1543; Chalamont, 1639; Bourg, 1651.

Duval. Bourg, 1499; Gex, 1703.

Duvergier. Bourg, 1655.

Duverney. Cruzilles, 1440.

Duvivier. Laiz, 1457.

E

Echallon (d'). Bugey, XIIIe s. Echallon, 1322-1775.

Echampard. Passin, 1419.

Echazeaux (d'). Bugey, 1355.

Echelles (les). Lent, 1095; Cormaranche, 1160; Montréal, 1336; Saint-Germain-d'Ambérieu, 1344.

Ecochard. Pirajoux, 1650; Saint-Etienne-du-Bois, 1658; Foissiat, 1667.

Edouard. Bourg, 1658.

Egra. Saint-Etienne-du-Bois, 1658.

Emery. Pays de Gex, 1447.

Enfrie. Polliat, 1653.

Entremont (d'). Vaux, 1323.

Epaisse (d'). Bâgé, 1238.

Epeyssoles (d'). Vonnas, 1323.

Epinac (d'). Malliord, 1711.

Epine (de l'). Montluel, 1392.

Epiney (de l'). Saint-Martin-le-Châtel, 1462.

Escoffier. Girieu, 1247; Châtillon-sur-Chalaronne, 1274; Dagneux, 1283; Condeissiat, 1353;

Villebois, 1396; Sulignat, 1378; Villars, 1404; Villesolier, 1410; Saint-Didier-de-Formans, 1496; Illiat, 1504; Perrex, 1532.

Escot. Montmerle, 1333.

Escrivieux (d'). Bugey, 1318; Rochefort, 1457; Virieu-le-Grand, Rives et Massigneux, 1494; Genoud, 1531; Bourg, 1605; Chemillat, 1681.

Espagny (d'). Montluel, 1463; Pizay, 1495.

Espiard. Genoud, 1680.

Espinasse (d'). Chalamont, 1407.

Espinay (d'). Châtillon-sur-Chalaronne, 1730; Attignat, 1766.

Espinoux (d'). Bâgé, 1453.

Essarts (des). Seyssel, 1499.

Estienne. Saint-Germain-d'Ambérieu, 1733.

Estrées (d'). Châtillon-les-Dombes, 1315; La Féole, 1326; Saint-Denis-le-Chosson, 1358; Saint-Etienne-du-Bois, 1372; Baneins, 1397; Saint-Didier-sur-Chalaronne, 1482; l'Epinay, 1501.

Estrelli (d'). Vaugrineuse, 1336; Corveissiat, 1439.

Etouf (de l'). Trévoux, 1732.

Eustache. Trévoux, 1751.

Euvrard. Montluel, 1621.

Evrard. La Balme-sur-Cerdon, 1344; Marboz, 1346; Pays de Gex, 1494.

Eymin. Longecombe, 1420.

Eynard Druillat, 1385; Pérouges, 1425; Dombes, 1587.

F

Fabe. Loyes, 1447.

Faguet. Lent, 1709.

Falaise. Bourg-en-Bresse, 1610.

Falamagne (de). Saint-Trivier-de-Courtes, 1473.

Falconery. Montluel, 1592.

Falconnet. Bénonces, 1263; Chalamont, 1352; Montfleur, 1395; Sulignat, 1450; Massieux, 1672; Bourg, 1771; Meximieux, 1775.

Falquet. Pont-de-Veyle, 1605.

Fabry. Yenne et Pays de Gex, 1431; Miribel, 1440; Ceyzériat, 1459; Treffort, 1517; Culoz, 1563; Dombes, 1600.

Fabvre. Saint-Jean-de-Gonville, 1548. (V. *Favre.)*

Fantin. Montluel, 1689.

Faramans (de). Bourg-Saint-Christophe, 1447.

Farbot. Trévoux, 1580.

Faret. Saint-Etienne-sur-Chalaronne, 1504; Bourg, 1615.

Farfouillon. Savigneux, 1472.

Farge. Beynost, 1730.

Farget. Bâgé, 1384; Pont-de-Veyle, 1443.

Farjon. Trévoux, 1560.

Farnay. Miribel, 1278.

Farnier. Lurcy, 1634.

Farraud. Pont-de-Veyle, 1453.

Farod. Montluel, 1655.

Faroud. Treffort, 1445.

Fatavelle. Loyes, 1410.

Faucher. Bâgé, Laiz et Pont-de-Veyle, 1457; Niévroz, 1482; Dombes, 1635; Montréal, 1690; Bourg, 1705.

Fauchier. Montluel, 1566; Dombes, 1598.

Faure. Chalamont, 1686; Meximieux, 1758.

Favel. Le Plantay, 1481.

Faverges (de). Pays de Gex, 1351.

Favier. Vieu-d'Izenave, 1205; Saint-Rambert, 1295; Passin, 1419; Bourg, 1479; L'Abergement-Clémenciat, 1500; Lagnieu, 1524; Marboz, 1535; Foissiat, 1640.

Favre (*Fabri* en latin). Bénonces, 1238; Versailleux, 1274; Artemare, 1312; Charancin, Marboz et Saint-Martin-le-Châtel, 1345; Premeyzel, 1352; Attignat, 1355; Hautecour, 1363; Villebois, 1376; Ruffieu, 1388; Chaveyriat, 1395; Passin, 1405; Trévoux, 1419; Poncin, 1431; Yenne et Rossillon, 1433; Treffort, 1441; Chambéry, 1449; Biziat, 1457; Pérouges, 1470; Belley, 1479; Vonnas, 1482; Beauregard, 1495; Bourg-en-Bresse, 1508; Montrevel, 1519; Saint-Jean-de-Gonville, 1526; Bâgé, 1538; Lent, 1650.

Favret. Saint-Germain-d'Ambérieu, 1344.

Favrot. Ambronay, 1297; Saint-André-de-Corcy, 1430.

Fay. Sathonay, 1757; (du) Savigneux, 1226; Loyes, 1278; (de la) Saint-André-de-Corcy, 1505.

Fayet. Crans, 1397.

Feillens (de). Bâgé-le-Châtel, 1186.

Feisol. Saint-Jean-de-Gonville, 1400.

Felicieu (de). Meximieux et Faramans, 1278.
Féliciat (de). Biziat et Vonnas, 1270.
Felon. Bourg-en-Bresse, 1418.
Femelat. Saint-Jean-le-Vieux, 1483.
Fenolliet et **Femouillet**. Villars, 1412; Poncin, 1424.
Féole (de la). L'Abergement-Clémenciat et Neuville-sur-Renom, v. 1200.
Ferlay. Villars, 1342; Sathonay, 1365; Vonnas, 1461.
Ferolliard. Bourg-en-Bresse, 1459.
Ferra, **Ferrat** et **Ferraz**. Vieu-en-Valromey, 1263; Songieu, 1496; Belley, 1618.
Fernay (de). Pays de Gex, 1305; Loyes, v. 1450.
Ferrand. Valromey, 1269; Ambronay, 1297; Abergement-de-Varey, 1328; Foissiat, 1343; Serrières-de-Briord, 1392; Sermoyer, 1448; Arandas, 1577.
Ferrari. Romans, 1718.
Ferraris. Bourg, 1594.
Ferréol. Saint-Trivier-de-Courtes, 1255.
Ferréol (de). Pont-de-Veyle, 1703.
Ferrier. Bâgé, 1338.

Ferrières (de). Bâgé, 1318; Cerdon, 1503.

Fétans (de). Loyes, 1298.

Feydau. Montluel, 1611.

Feyolard. Pont-de-Veyle, 1556.

Fiard. Montluel, 1782.

Fichet. Saint-Trivier-sur-Moignans, 1333.

Filliat. Pont-de-Veyle, 1482; Saint-Remy, 1492; Foissiat, 1643; Saint-Julien-sur-Reyssouze, 1695.

Filliod. Trévoux, 1499.

Fillon. Montluel, 1304.

Filzguieu. Belley, 1622.

Fiot. Trévoux, 1588.

Fitignieu. Pugieu, 1598.

Fjajolet. Baneins, 1278; Châtillon-les-Dombes, 1429.

Flameins. Bény, 1393.

Flandrin. Saint-Rambert, 1475; Belley, 1562.

Fléchère (de la). Pays de Gex, 1437; Culoz, 1769.

Fleurand. Trévoux, 1710; Genay, 1758.

Floret. Marboz, 1563.

Flote. Ruffieu, 1413.

Flouton. Prévessin, 1558.

Flory. Montluel, 1443; Versailleux, 1626.

Flyes (de). Pouilly-Saint-Genis, 1300; Divonne, 1447.

Foissiat. Cras, 1345; Pont-de-Veyle, 1462; Bourg, 1464.

Folioux. Montluel, 1757.

Folliard. Villemotier, 1498; Saint-Trivier-de-Courtes, 1567.

Folliet. Thoiry, v. 1300; Bâgé, 1335; Versailleux, 1395; Bourg, 1689.

Font (de la). Châlamont, 1456; Juis, 1745.

Fontaine. Bourg, 1757.

Fontaine (de la). Saint-Nizier-le-Désert, 1158; Saint-Sorlin-de-Cuchet, 1212; Bressolles, 1220; Poncin, 1337; Rancé, 1341; Izernore, 1344; Bourg, 1380; Pérouges, 1426; Saint-Germain-d'Ambérieu, 1427; Laiz, 1439; Pays de Gex, 1601.

Fontanelle. Saint-André-de-Corcy, 1262; Montluel, 1328; Sainte-Croix, 1359; Vonnas, 1361; Reyrieux, 1499; Pays de Gex, 1526.

Fontaney. Viriat, 1339.

For (du). Pont-de-Vaux, 1500.

Foras (de). Belley, 1312; Saint-Germain-d'Ambérieu, 1388; Murs, 1444; Saint-Rambert, 1482.

Forcrand. Baneins, 1278; Bourg-en-Bresse, 1415; Cras, 1563; Matafelon, 1602.

Forest ou **Forêt**. Dagneux, 1278; Rancé, 1458; Parcieux, 1490; Lent, 1602; Ambérieux, 1636.

Forêt (de la). Loyes, 1278; Saint-André-d'Huiriat, 1313; Belley, 1328; Rossillon, 1417; Malafretaz, 1437; Ceyzérieu, 1444; Chaveyriat, 1447; Ambronay, 1473; Bourg et Pays de Gex, 1482; Neuville-sur-Renom, 1505; Lantenay, 1508; Treffort, 1550; Montréal et Poncin, 1563; Brégnier-Cordon, 1569.

Forestier. Miribel, 1426.

Forey. Dombes, 1658.

Formille. Montagnieu, 1608.

Formerat. Attignat et Meillonnas, 1469.

Formeron. Montceaux, 1664.

Fornet. Treffort, 1425; Chalamont, 1450.

Fornier. Châtenay et Rigneux-le-Franc, 1251; Ambronay, 1297; Montluel, 1312; Saint-Trivier-sur-Moignans, 1333; Poncin, 1367; Meximieux, 1385; Saint-Germain-d'Ambérieu, 1392; Marboz, 1428; Pierre-Châtel, 1672; Bourg, 1691; Tenay, 1721.

Fornut. Gex, 1610.

Fort. Lagnieu, 1285.

Fortellet. Buellas et Bourg, 1416.

Fosserie. Lent, 1602.

Fossés (des). Trévoux, 1424; Lagnieu, 1477.

Foucher. Meximieux, 1281; Pont-de-Veyle, 1412; Bâgé, 1428.

Foudras (de). Pressiat, 1642.

Foulet. Pays de Gex, 1310.

Four (du). Ambronay, 1338; Pont-de-Veyle, 1440; Peyzieu, 1498; Collonges, 1558.

Fournel (du). Dombes, 1704.

Fournier. V. *Fornier.*

Fourrat. Beynost, 1747.

Fourrier. Pressiat, 1477.

Frace (de). Ferney, 1481.

Frachet. Villars, 1481; Dombes, 1635.

Franc (de). Manziat, 1646.

France (de). Bourg-en-Bresse, 1520.

Francallet. Saint-Martin-de-Bavel, 1684.

Franceis. Loyes, 1271; Montluel, 1312.

Francheleins (de). Francheleins, v. 1120.

Franchise (de la). Dompierre-de-Chalamont, 1288.

François. Chambéry et Ambérieu-en-Bugey, 1354; Montluel, 1439; Pressiat, 1503.

Françon. Massignieu-de-Belmont, 1424; Petit-Abergement, 1785.

Frangin. Dombes, 1613; Trévoux, 1659.

Frans (de). Frans, xie siècle.

Frechet. Trévoux, 1391; Baneins, 1442; Joyeux, 1418. V. *Frachet*.

Frédéric. Ferney, 1463.

Frenel. Montluel, 1398.

Freney. Certines, 1563.

Freppier. Saint-Trivier-de-Courtes, 1318.

Frère. Trévoux, 1501; Corbonod, 1664; Saint-André-d'Huiriat, 1735.

Frère-Jean. Volognat, 1655.

Freynel. Cerdon, 1339.

Frez. Saint-Jean-de-Thurigneux, 1480.

Frillet. Confrançon, 1242; Bourg, 1328; Rignat, 1473; Dombes, 1605; Saint-Rambert, 1617.

Froissard. Pressiat, 1705.

Froment. Crottet, 1315 ; Lagnieu, 1475.

Fromentes (de). Neuville-sur-Ain, 1336.

Fumat. Montréal, 1433.

Fustallier (de). Saint-Jean-sur-Reyssouze, 1532.

Fustemberg (de). Bâgé et Pont-de-Veyle, 1537.

Fyot. Dommartin, 1633.

G

Gabet. Montluel, 1565 ; Dombes, 1585 ; Tréveux, 1762.

Gachet. Villars, 1536.

Gacon. Saint-André-de-Corcy, 1493 ; Bâgé, 1646.

Gadagne. Saint-Didier-sur-Chalaronne, 1672.

Gadillon. Niévroz, 1739.

Gagne. Guéreins, 1324 ; Saint-Martin-du-Mont, 1658.

Gagneur. L'Abergement-Clémenciat, 1346.

Gaibonnier. Pays de Gex, 1548.

Gaillard. Condamine-la-Doye, 1331; Matafelon et Izernore, 1337; Chevry, 1397; Poncin, 1400; Saint-Etienne-sur-Chalaronne, 1437; Saint-Martin-du-Fresne, 1448; Virieu-le-Grand, 1513; Nantua, 1514; Replonges, 1530; Trévoux, 1606; Bourg, 1672.

Gaillat. Trévoux, 1612.

Galand. Bourg, 1349; Evosges, 1467; Saint-Sulpice, 1668.

Galien. Meximieux et Saint-Didier-de-Formans, 1278; Trévoux, 1391; Bourg, 1594.

Galim. Pont-de-Veyle, 1457.

Gallatin. Arlod, 1439; Saint-Genis, 1563.

Gallet. Crottet, 1416; Treffort, 1425; Polliat, 1496; Chavannes-sur-Reyssouze, 1528; Bourg, 1590; Arbent, 1619.

Galoz. Miribel, 1387.

Gambier. Curtafond, 1551.

Gaudillon. Lagnieu, 1393.

Garand. Belley, 1634.

Garcel. Pont-de-Vaux, 1445.

Garde (de la). Bâgé, 1428; Dombes, 1445; Tossiat, 1467; Miribel, 1473; Ambronay, 1519; Vonnas, 1563.

Gardet. Belley, 1459.

Gardon. Marboz, 1601.

Gardos. Saint-Trivier-sur-Moignans, 1447.

Garin. Crottet, 1393; Versailleux, 1412; Miribel, 1426; Belley, 1428; Hauteville, 1443; Marboz, 1445; Montréal, 1453; Vieu-en-Valromey, 1712.

Gariton. Montrevel, 1436.

Garnerans (de). Garnerans, 1101.

Garnier. Loyes, 1271; Pouilleux, 1415; Parcieux, 1470; Saint-Rambert, 1481; Montréal, 1503; Trévoux, 1567; Ars, 1617; Baneins, 1658; Mogneneins, 1664.

Garron. Montluel, 1314; Bourg, 1631; Châtenay, 1649; Sulignat, 1765.

Gaspard. Villars, 1377; Monthieux, 1440.

Gaste. Ars, 1540.

Gastier. Saint-Didier-sur-Chalaronne, 1622.

Gaty. Thoissey, 1777.

Gauchier. Dombes, 1659.

Gauchon. Saint-Maurice-de-Beynost, 1460.

Gaufrey. Genay, 1483.

Gaugelin. Montluel, 1729.

Gaujons. Clémenciat, 1333.

Gault. Priay, 1578.

Gauteret. Marboz, 1445.

Gauthier et **Gautier.** Meximieux, 1278; Peyzieux, 1324; Villars, 1374; La Tranclière, 1386; Bourg, 1410; Marboz, 1445; Belmont, 1564; Pont-de-Vaux, 1640; La Boisse, 1760.

Gavand. Saint-Germain-d'Ambérieu, 1496; Foissiat, 1641; Bourg, 1687.

Gavaud et **Gaveaud.** Bourg, 1715.

Gavignon. Crans, 1469.

Gavin. Montluel, 1606.

Gay. Beynost, 1278; Vaux-en-Bugey, 1397; Miribel, 1433; Corgenon, 1474; Pays de Gex, 1526; Sulignat, 1577; Seyssel, 1654; Bourg, 1661; Neuville-sur-Renom, 1702.

Gayand. Chalamont, 1521.

Gayet. Bourg, 1638; Montagnat, 1677.

Gayot. Neuville-sur-Ain, 1703; Amareins, 1712; Bourg, 1766; Saint-Eloy, 1773.

Gaytat. Pont-de-Veyle, 1393.

Gélas. Villars, 1447.

Gellard. Bresse, 1550.

Gelière (de la). Viriat, 1260.

Gelquin. Trévoux, 1540.

Gémeau. Trévoux, 1780.

Génard. Treconnas, 1603.

Genay (de). Genay, 1097.

Gendrier. Bourg, 1602; Belley, 1622.

Genève (de). Varey, 1328; Pays de Gex, 1447.

Genevey. Saint-Germain-de-Renom, 1277; Saint-Paul-de-Varax, 1299; Villette, 1337; Saint-Maurice-de-Beynost, 1426; Meximieux, 1500.

Genier. Crans, 1357.

Gennel. Loyes, 1338.

Genod. Meximieux, 1278.

Genost (de). Certines, 1300.

Gent. Joyeux, 1409; Montluel, 1459.

Gentil. Satigny, 1397; Bourg, 1456; Pont-de-Veyle, 1470.

Gento (de). Ferney, 1395.

Genzieu. Chalamont, 1351.

Georges. Villars, 1460; Meximieux, 1733.

Geravel. Dombes, 1585.

Gerbais. Belley, 1369; Billiat, 1373; Songieu, 1388; Pressiat, 1432.

Gerbe. Bourg-en-Bresse, 1417.

Germain. Montréal, 1433; Pierre-Châtel, 1444; Rillieux, 1483; Tramoyes, 1581.

Germanet. Saint-Didier-sur-Chalaronne, 1324; Peyzieux, 1378; Saint-Germain-d'Ambérieu, 1449.

Germard. Cerdon, 1344.

Gerveil. Montluel, 1362.

Gesson. Ferney, 1447.

Getial. Dombes, 1601.

Gex (de). Gex, 1124.

Gibaud. Matafelon, 1337.

Gière. Cuisiat, 1570.

Giffard. Montracol, 1468.

Gigny (de). Arnans et Bresse, 1334.

Gille. Bourg, 1661.

Gillet. Beynost, 1278; Tossiat, 1358; Vieu-en-Valromey, 1371; Saint-Barnard, 1396; Saint-André-de-Corcy, 1424; Treffort, 1425; Pérouges, 1426; Laiz, 1443; Bourg, 1472; Bâgé, 1477; Béon, 1486; Châtillon-sur-Chalaronne, 1533; Illiat, 1592.

Gillier. Pont-d'Ain, 1447; Pays de Gex, 1643.

Gin (de). Peron, 1478.

Gingat. Pressiat, 1431.

Gingins (de). Pays de Gex, 1410.

Ginod. Anglefort, 1699.

Girard. Civrieux, 1274; Saint-Jean-de-Thurigneux, 1386; Saint-Nizier-le-Bouchoux, 1535; Pays de Gex, 1526; Trévoux, 1646; Bourg, 1647.

Girardet. Lompnas, 1287; Dombes, 1579.

Girardin. Treffort, 1455.

Giraud. Bresse, 1749.

Girault. Dombes, 1660.

Giraudat. Montluel, 1741.

Girerd. Peyzieux, 1378; Virieu-le-Petit, 1453.

Girias. Virieu-le-Grand, 1692.

Girié. Mogneneins, 1608.

Girin. Matafelon, 1341; Outriaz, 1483.

Girod. Saint-Etienne-sur-Chalaronne, 1398; Châtillon-sur-Chalaronne, 1426; Champagne-en-Valromey, 1443; Marboz, 1445; Chevry, 1480; Montluel, 1532.

Girodon. Dombes, 1587.

Giroud. Dagneux, 1278; Ambronay, 1297;

Relevant, 1406; Dombes, 1595; Bourg, 1601; Villars, 1678.

Gison. Bâgé, 1325.

Gissé (de). Pont-de-Vaux, 1640.

Givord. Belley, 1333.

Gland (de). Gex, 1548.

Glareins ou **Lyareins.** La Peyrouse, XIIIe siècle.

Glargins (de). Brenaz, 1367.

Gleteins. Jassans, 1066.

Gobert. La Boisse, 1247; Abergement-Clémenciat, 1523.

Godard. Pont-de-Veyle, 1416; Ambronay, 1520.

Godet. Saint-Trivier-de-Courtes, 1350; Foissiat, 1401; Faramans, 1402; Viriat, 1408; Laïz, 1478.

Godinet. Loyettes, 1502.

Goiffon. Saint-Etienne-sur-Chalaronne, 1376; Vieu-d'Izenave, 1428; Thoissey, 1595; Bourg, 1645.

Goiraud. Montluel, 1742.

Goler. Saint-Germain-de-Renom, 1356.

Goliat. Montluel, 1710.

Golléty. Leymiat, 1472 ; Foissiat, 1657 ; Bourg, 1706.

Gommet. Montluel, 1719.

Gonin. Genay et Neuville-sur-Saône, 1498.

Gonon. Bourg, 1546.

Gonnard. Villars, 1481 ; Châtillon-sur-Chalaronne et Neuville-sur-Renom, 1560.

Gonod. Châtillon-sur-Chalaronne, 1565 ; Bâgé, 1693 ; Yon, 1716.

Gontier. Foissiat, 1374 ; Chalamont, 1396 ; Niévroz, 1482.

Gorfon. Seyssel, 1563.

Gorge (de). Villars, 1481.

Gorgerot. Montluel, 1720.

Gormand. Lagnieu, 1358.

Gorraz. Meximieux, 1385 ; Vaux-en-Bugey, 1423 ; Lagnieu, 1467 ; Massignieu-de-Rives, 1617.

Gorrevod (de). Gorrevod, 1170.

Gou. Foissiat, 1401.

Gouchon. La Boisse, 1509.

Goujon. Villars, 1455.

Gouly. Bourg, 1768.

Goupil. Bugey, 1361.

Gour (du). Châtillon-sur-Chalaronne, 1334; Birieux, 1422; Sulignat, 1540.

Gourdon. Poncin, 1424.

Gourju. Montluel, 1776.

Gouttes (des). Monthieux, 1675.

Gour. Corbonod, 1583.

Goy. Chalamont, 1316; Pays de Gex, 1543; Sainte-Julie, 1565.

Goyet. Nantua, 1399; Montluel, 1474; Péronnas, 1482; Pougny, 1491; Cormoz, 1499; Villeneuve, 1594.

Grain (de). Cerdon, 1673.

Graire (de). Trévoux, 1740.

Grammont. Ceyzérieu, 1097.

Gramusset. Montluel, 1516.

Grana (de). Peron, 1558.

Granchamp. Meillonnas, 1380; Saint-Nizier-le-Bouchoux, 1442.

Grancil (de). Chazey-sur-Ain, 1348.

Grand. Saint-Barnard, 1264; La Boisse, 1278; Bourg, 1328; Arbigny, 1435.

Grandclément. Chézery, 1605.

Granel. Poncin, 1559.

Granet. Montluel, 1296; Monthieux, 1412; Bourg, 1604.

Grange (de la). Valromey, 1242; Saint-Barnard, 1264; Bâgé, 1287; Chazey-sur-Ain, 1300; Bourg, 1313; Saint-Didier-sur-Chalaronne, 1376; Pays de Gex, xve siècle.

Granger. Viriat, 1339; Illiat, 1376; Marboz, 1445.

Granges (des). Seyssel, 1621.

Granget. Montluel, 1312; Bourg, 1446.

Granjon. Seyssel, 1492.

Gras. Chazey-sur-Ain et Jailleux, 1278; Viriat, 1348; Pays de Gex, 1342; Meximieux, 1385; Bourg, 1396.

Grataloup. Bourdigny, 1490.

Gratet (de). Bâgé, 1200; Villebois, 1332.

Grave (de la). Saint-Julien-sur-Reyssouze, 1563.

Gravel. Saint-Germain-d'Ambérieu, 1361.

Gravier. La Boisse, 1314; La Peyrouse, 1462; Foissiat, 1767.

Gravillon. Chalamont, 1686.

Greffelle. Ambronay, 1473.

Grefferat. Villemotier, 1445; Bourg, 1475; Cuisiat, 1664; Saint-Julien-sur-Veyle, 1686.

Greffet. Montluel, 1641.

Grenaud. Nantua, 1537; Lompnes, 1599.

Greppo. Relevant (Saint-Christophe), 1447; Saint-Trivier, 1457; Le Montellier, 1781.

Gribald ou **Gribaud.** Farges, 1554.

Grières (de). Saint-Jean-de-Gonville, 1498.

Griffon. La Boisse, 1247; Beynost, 1278; Poncin, 1400; Pirajoux, 1430; Bourg, 1633.

Griffonnière (de la). Pirajoux, 1602.

Grigny (de). Pays de Gex, 1401.

Grillard. Saint-Martin-du-Mont, 1624.

Grillet. Talissieu, 1293; Bâgé, 1367; Bourg et Le Plantay, 1495.

Grilliat. Ambronay et Pont-de-Veyle, 1420; Saint-Jean-le-Vieux, 1557.

Grillion. Montluel, 1734.

Grillot. Lagnieu, 1614.

Grilly (de). Grilly, 1120.

Grimard. Cerdon, 1330.

Grimaud. Saint-Germain-d'Ambérieu, 1426; Chalamont, 1508.

Grimond. Ambronay, 1359.

Grindon. Meximieux, 1423; Loyes, 1491; Montluel, 1734.
Griot. Nantua, 1616.
Grioteret. Trévoux, 1391.
Grippière (de). Vescours, 1748.
Grisy. Laiz, 1457; Revonnas, 1674.
Grobon. Saint-Trivier-de-Courtes, 1395.
Groffier. Lent, 1474.
Grôlée (de). Grôlée, 1180.
Grolier. Cras, 1415; Montluel, 1548.
Gromier. Bourg, 1706.
Gros. Matafelon, 1473; Montréal, 1475; Montluel, 1536.
Gros-Bonier. Foissiat, 1401.
Grosfillet. Lagnieu, 1428.
Grosjean. Cerdon, 1582.
Grossaz. Pays de Gex, 1410.
Grossel. Meillonnas, 1428.
Grossolles (de). Bouligneux, 1722.
Grossy. Bugey, v. 1340; Montluel, 1395; Villars, 1419; Saint-Germain-d'Ambérieu, 1462; Belley, 1707.
Gruet. Montréal, 1503.
Grussi. Chalamont, 1512.

Grumel. Lagnieu, 1475.

Grumet. Saint-Rambert, 1778.

Grumissel. Meximieux, 1278.

Grunet. Lent, 1450.

Grye (de la) Dombes, 1622.

Guat. Pays de Gex, 1527.

Guédon. Saint-Rambert, 1296; Bourg, 1691.

Guéret (de). Chalamont, 1491.

Guérin. Pont-de-Veyle, 1565; Montrevel, 1685; Bourg, 1706.

Guerre. Montluel et Pérouges, 1283.

Guerri. Dagneux, 1312; Montluel, 1328.

Guerrier. Saint-Paul-de-Varax, 1529.

Guerry. Le Balmey, 1318.

Gueston. Saint-Martin-du-Mont, 1662; Villereversure, 1665.

Guibert. Trévoux, 1472.

Guichard. Lantenay, 1395; Poncin, 1424; Montracol, 1468; Arandas, 1479; Montluel, 1482; Baneins, 1490; Ambronay, 1502; Meillonnas, 1530; Saint-Rambert, 1563; Mogneneins, 1600; Beauregard, 1628; Bourg, 1690.

Guichardet. Villeneuve, 1423.

Guichardon. Bresse, 1417; Saint-Martin-le-Châtel, 1669.

Guichardot. Marboz, 1346; Bourg, 1393.

Guiche (de la). Cormoranche et Bey, 1509.

Guichelet. Pont-de-Vaux, 1686.

Guichenon. Châtillon-sur-Chalaronne, 1464; Bourg, 1632. V. *Cropet*, qui est le nom primitif.

Guichon. Attignat, 1338; Beaupont, 1419; Savigneux, 1465; Thoissey, 1478; Lent, 1584.

Guidier. Belley, 1602.

Guidod. Bény, 1529.

Guidon. Loyes, 1441.

Guiénot. Foissiat, 1426.

Guiet. Pougny, 1543.

Guiffrey. Arandas, 1577; Bénonces, 1598; Monthieux, 1733.

Guignard. Saint-Didier-sur-Chalaronne, 1676; Bourg, 1759.

Guigomard. Pont-de-Vaux, 1390; Reyssouze, 1467.

Guigue. Bénonces, 1199; Dagneux et Rigneux-le-Franc, 1296; Cerdon, 1348; Lyon, 1364; Meximieux, 1409; Curciat, 1418; Bourg, 1459; Crans, 1479; Replonges, 1492; Saint-Rambert,

1501; Poncin, 1506; Montrevel, 1542; Cluni, 1580; Trévoux, 1709.

Guilland. Viriat, 1341; Conzieu, 1608; Montluel, 1725.

Guillaume. Montaney, 1253; Chalamont, 1396; Saint-Didier-de-Formans, 1496; Saint-Trivier-sur-Moignans, 1660; Birieux, 1663.

Guillemault. Saint-André-de-Bâgé, 1685.

Guillemet. Reyrieux, 1482.

Guillerme. Saint-Barnard; 1264; Chalamont, 1452; Montluel, 1516.

Guillermet. Meximieux, 1523.

Guillermier. Crans, 1516.

Guillermin. Foissiat, 1401; Frans, 1672.

Guillet. Neuville-sur-Renom, 1476.

Guilletain. Miribel, 1391.

Guilliard. Saint-Germain-d'Ambérieu, 1482.

Guilliend. Haut-Bugey, 1336.

Guillin. Poncin, 1367.

Guillie (de la). Pont-d'Ain, 1593.

Guilliet. Bourg, 1442; Poncin, 1450; Charnoz, 1482; Ambléon, 1633.

Guillier. Bellegarde, 1623.

Guilo et **Guillot**. Bourg, 1390.

Guillon et **Guillion**. Brénod, 1309; Biziat, 1361; Bény, 1445; Saint-André-de-Bâgé, 1533; Curtafond, 1551; Cordon, 1626; Reyrieux, 1750.

Guinet. Bénonces, 1428; Miribel, 1433; Civrieux, 1500; Lagnieu, 1574.

Guiochat. Lent, 1480.

Guiord. Belley, 1359.

Guiot ou **Guyot**. Saint-Etienne-du-Bois, 1294; Bourg, 1323; Foissiat, 1401; Talissieu, 1441; Pont-de-Vaux, 1579; Mogneneins, 1691.

Guisard. Versoix, 1686.

Guivet. Charnoz, 1479; Montluel, 1707.

Guizeu. Neuville-sur-Saône, 1256; Civrieux, 1261.

Gumain. Chavornay, 1309.

Gumilliois. Trévoux, 1354.

Guy. Ceyzériat, 1383; Treffort, 1423; Brénod, 1462; Bourg, 1534; Sulignat, 1543; Montrevel, 1641.

Guyard. Saint-Martin-le-Châtel, 1581; Bourg, 1652; Curtafond, 1727.

Guyenard. Coligny, 1615.

Guyenet. Saint-André-d'Huiriat, 1522.

Guyenom. Foissiat, 1641.

Guyon. Pont-de-Vaux, 1500; Verjon, 1675; Bourg, 1715.

H

Hamos. Bourg, 1661.

Haraucourt (d'). Saint-André-de-Briord, 1696.

Hardanz. Ambronay, 1297.

Hardon. Marboz, 1636.

Hardy (le). Bouligneux, 1721

Haudri. Songieu, 1441.

Hauteville (d'). Pays de Gex, XIVe s.

Hauvet (d'). Montluel, XIVe siècle.

Hebrays. Montluel, 1619.

Heymin. Vieu-en-Valromey, 1393.

Henri. Treffort, 1455; Tramoyes, 1580.

Henriot. 1666.

Herard. Bohans, 1657.

Heres (de) ou **Hières.** Lagnieu, v. 1200.

Hopital (de l'). Montluel, 1283; Saint-Germain-de-Renom, 1356; Ambérieux-en-Dombes, 1477; Le Montellier, 1695.

Hoste. Rigneux-le-Franc, 1278; Pont-de-Veyle, 1605.

Hostel (d'). Belmont, 1345.

Hoyer. Dombes, 1622.

Hubert. Saint-Didier-de-Formans, 1710.

Hudric. Pays de Gex, v. 1400.

Huet. Tenay, 1366; Nantua, 1396.

Hugaud. Montluel, 1474.

Hugo. Bourg, 1480.

Hugon. Treffort, 1449; Saint-Jean-le-Vieux et Meximieux, 1475; Poncin, 1506; Bourg, 1721.

Hugonnet. Trévoux, 1391; Montluel, 1424.

Hugonnières (des). Marlieux, 1449.

Humbert. Coligny, 1323.

Humet. Bourg, 1691.

Hurigny (d'). Péronnas, 1602.

Hyvernon. Joyeux, 1678.

I

Ile (de l'). Vonnas, 1281; Martignat, 1301; Pugieu, 1382; Marboz, 1429.

Ile-Saint-Vulbas (de l'). Saint-Vulbas, XIIe siècle.

Illins. Vancia, XIIIe siècle.

Imbault. Dombes, 1637.

Imbert. Bourg, 1697.

Imhoff. Gex, 1542.

Ivoley (d'). Béreyziat, 1480; Pont-d'Ain, 1491; Bourg, 1599.

Izenave (d'). Izenave, 1306.

Izerand (d'). Saint-Sulpice, 1688.

Izieu (d'). Izieu, 1095.

J

Jacolet. Trévoux, 1354.

Jacquard. Marboz, 1445.

Jacquand. Montréal, 1549.

Jacques. Mézériat, 1752.

Jacquemet. Nantua, 1441; Abergement-Clémenciat, 1543; Meximieux, 1755.

Jacquemin. Argis, 1521; Saint-Etienne-du-Bois, 1626.

Jacquet, Jacquier, Jaquet et **Jaquier.** Cessiat et Montdidier, 1372; Lagnieu, 1393; Crans, 1406; Marboz, 1408; Bourg, 1415; Saint-Etienne-sur-Chalaronne, 1452; Malafretaz, 1460; Matafelon, 1473; Genay, 1482; Lochieu, 1486; Viriat, 1525; Bâgé, 1667; Nantua, 1696.

Jacquillon. Crans, 1440.

Jacquin. Grilly, 1616; Trévoux, 1635.

Jacquimot. Curciat-Dongalon, 1648.

Jagot. Nantua, 1758.

Jaillard. Marboz, 1494; Dombes, 1583.

Jallier et **Jaillet.** Arandas, 1284; Cormaranche, 1385; Montluel, 1393; Douvres, 1479; Tenay, 1516; Lagnieu, 1622; Belley, 1634.

James. Montluel, 1487. (V. *Laurendin.*)

Janet. Montluel, 1475; Grand-Abergement, 1635; Montmerle, 1653.

Jangou. Viriat, 1345.

Janin. Lompnes et Saint-Germain-d'Ambérieu, 1388; Matafelon, 1436; Farges, 1479; Bourg, 1507; Tenay, 1708; Montluel, 1709.

Janinet. Pont-de-Vaux, 1460; Saint-Etienne-du-Bois, 1731.

Jannot. Loyettes, 1502.

Jantet. Groissiat, 1404; Nantua, 1616.

Janton. Chaleins, 1672.

Janvier. Montluel, 1312; Niévroz, 1351.

Jarcelat. Saint-Germain-de-Joux, 1600; Nantua, 1626; Belley, 1604; Bourg, 1683.

Jargin. Brénaz-en-Valromey, v. 1300.

Jarmole (de). Bey, 1255.

Jarrin. Saint-Rambert, 1491; Vaux, 1753.

Javelot. Douvres, 1361; Ambronay, 1476.

Javoy. Villars, 1731.

Jayr. Bourg, 1361; Ceyzériat, 1370; Jasseron, 1634; Saint-Etienne-du-Bois, 1639.

Jaz. Dombes, 1588.

Jehannod. Pougny, 1478.

Jenin. Condamine-la-Doye, 1443; Saint-Rambert, 1474; Champagne-en-Valromey, 1641.

Jenville (de). Divonne, 1410.

Jeoffroi. Tossiat, 1358.

Joannard. Montluel, 1725.

Jocerand et **Josserand.** Genay, 1267; Montluel, 1314; Baneins, 1406.

Joffred et **Joffrey.** Lompnas, 1289; Marboz, 1445; Meximieux, 1459; Tramoyes, 1461; Perrex, 1484; Fleyriat, 1530; M7ntrevel, 1558.

Joguet. Marboz, 1417.

Johannard. Saint-Cyr-de-Relevant, 1406; Marboz, 1445.

Jehannod. Pouilly-Saint-Genis, 1447.

Jolivet. Bressolles, 1752.

Joly. Ambronay, 1333; Foissiat, 1334; Ceyzériat, 1352; Montmerle, 1374; Saint-Didier-sur-Chalaronne, 1376; Saint-Germain-d'Ambérieu, 1388; Châtillon-sur-Chalaronne, 1405; Pérouges, 1414; Chavannes-sur-Reyssouze, 1425; Bourg, 1438; Petit-Abergement, 1487.

Jolyot. Pont-de-Vaux, 1690.

Jomart. Girieux, 1247; Saint-Trivier-sur-Moignans, 1333.

Jonchey (du). Cruzilles, 1442; Laiz, 1500.

Joinville (de). Gex, 1256.

Joret. Dombes, 1618.

Joubert. Saint-Trivier-de-Courtes, 1350;

Reyssouze, 1420; Châtillon-sur-Chalaronne, 1498; Illiat, 1504.

Jourdan et **Jordan.** Saint-André-de-Briord, 1271; Ambronay, 1489; Bourg, 1492; Saint-Trivier-sur-Moignans, 1573; Malix, 1617; Pont-de-Veyle, 1757.

Jourdain et **Jordain.** Reyrieux, 1468; Ambronay, 1517; Pays de Gex, 1558; Bourg, 1587.

Journalier. Montluel, 1761.

Jouzent. Bourg, 1684.

Joyard. Cessiat, 1698.

Joyat. Bourg, 1473.

Joyeux (de). Joyeux, 1282.

Juennet. Meximieux, 1622.

Juenin. Chanoz-Châtenay, 1490; Bourg, 1683.

Juillet. Curtafond, 1482; Varambon, 1621.

Jujat. Belley, 1711; Cleyzieu, 1717.

Julian. Ambronay, 1297; Jasseron, 1353; Poncin, 1399; Nantua, 1734. (V. *Julien.*)

Julien. Villars, 1395; Nantua, 1453; Saint-Martin-du-Mont et Bourg, 1474; Rossillon, 1555. (V. *Julian.*)

Julliard. Bourg, 1352; Sermoyer, 1448; Colomieu, 1563; Saint-Boys, 1566.

Jurron. Prémillieux, 1420; Virieu-le-Grand, 1632.

Jussieu (de). Ambérieux-en-Dombes, 1633; Montluel, 1743.

Just. Genay, 1257.

Juvanon. Baneins, 1410; Châtillon-les-Dombes, 1447; Saint-Rambert, 1467.

Juvenon. Viriat, 1410.

Juys ou **Juis.** Savigneux, xe siècle.

L

Laborier. Graveins, 1333; Belley, 1500.

Lachanal. Montluel, 1728.

Lachenal. Anglefort, 1613.

Lachaud. Montluel, 1769.

La Condamine. Dagneux, 1283.

Lacroix. Pont-de-Veyle, 1368.

Lacua (de). Meximieux, 1719.

Lafont de Savines. Bugey, 1655.

Lafont de Suin. Lyon et Tramoyes, 1774.

Lager. Montluel, 1769.

Lagnier. Montluel, 1398.

Lagrange. Ambronay, 1460.

Laguette. Cerdon, 1691.

La Lande. Lyon, 1532; Dombes, 1608.

Lallée (de). Pays de Gex, 1558.

La Loy. Trévoux, 1391.

Lalyas. Logras, 1554.

Lambert. Miribel, 1278; Meximieux, 1475; Dombes, 1639.

Lamy. Pont-de-Veyle, 1459.

Lanay (de). La Pérouse, 1344.

Lancy (de). Foissiat, 1400; Saint-Julien-sur-Reyssouze, 1440; Saint-Trivier-de-Courtes, 1441.

Lanfrey. Bourg, 1670.

Langes (de). Torcieu, 1220; La Balme-sur-Cerdon, 1293; Saint-Germain-d'Ambérieu, 1344; Cormoranche, 1346; Arandas, 1349; Neuville-sur-Renom, 1360; Saint-Sulpice, 1376; Polliat, 1420.

Lans (de). Saint-Boys, 1432.

Lantet. Crans, 1458.

Lantin. Bourg, 1635.

Lapierre. Polliat, 1753.

Laporte. Ambronay, 1663.

Lappy. Nièvroz, 1441.

Large. Condeissiat, v. 1350; Villars, 1433.

Lardel. L'Abergement-Clémenciat, 1482.

Lardet. Saint-Etienne-sur-Chalaronne, 1437.

Larippe. Bourg, 1661.

Laroche. Villars, 1665.

Larme. Prnt-de-Vaux, 1602.

Las. Châtillon-en-Dombes, 1440.

Lasme. Bourg, 1459.

Latard. Thézillieu, v. 1146; Virieu-le-Petit, 1230; Douvres et Ambérieu-en-Bugey, 1240.

Laude. Bouligneux, 1448.

Laudessis (de). Genève et Seyssel, 1602.

Lauras (de). Saint-Germain-d'Ambérieu, 1480.

Laure. Saint-Vulbas, 1540.

Laurenanges (de). Montluel, 1278.

Laurencin. Bresse, 1445.

Laurendin. Montluel, 1463. (V. *James*, qui est la même famille.)

Laurent. Meximieux, 1278; Ambronay, 1297; Peyzieux, 1324; Bourg, 1348; Pont-de-Veyle, 1393; Chaneins, 1406; Poncin, 1419; Malafretaz, 1437; Miribel, 1472; Nantua, 1500; Polliat, 1556;

Dombes, 1578; Beauregard, 1612; Lent, 1623; Trévoux, 1740.

Laux ou **Lauz** (du). Saint-Germain-d'Ambérieu, 1426; Saint-Rambert, 1463.

Lauzière (de). Belmont, 1769.

Laval (de). Arbent, 1336; Flyes, 1528.

Lavenière Talissieu, 1708.

Laye (de). Dombes et Bresse, XIIIe s.

Léarmont (de). Pays de Gex, 1356.

Léaz (de). Bugey, 1590; Anglefort, 1593; Sutrieu, 1731.

Lebel. Bourg, 1602.

Lebre. Sainte-Julie, 1686.

Leclerc. Belley, 1689; Saint-Denis-le-Chosson, 1747.

Lécuyer. Rigneux-le-Franc, 1296.

Leczond. Meillonnas, 1380.

Le Duc. Bourg, 1668.

Lefebvre. Dombes, 1635.

Le Gay. Bâgé, 1252; Bourg, 1472; Pont-de-Veyle, 1482.

Legendre. Reyrieux, 1482.

Legrand. Bourg, 1582; Saint-Paul-de-Varax, 1660; Pays de Gex, 1714.

Le Guat. Chevroux, 1478; Saint-Jean-sur-Veyle, 1575 ; Grottet, 1765.

Leiria (de). Genève et Pays de Gex, 1510.

Le Lomaz. Varey, 1347.

Le Loup. Saint-Etienne-sur-Chalaronne et Varey, 1299; Chapelle-du-Châtelard, 1323; Cuisiat, 1330 ; Bourg et Montrevel, 1345—1348; Pont-de-Veyle, 1443 ; Thoissey, 1455 ; Bey, 1460; Châtillon-sur-Chalaronne, 1473 ; Marboz, 1529.

Leluiset. Pays de Gex, 1548.

Lemoyne. Dombes, 1600.

Lempereur. Meximieux, 1636.

Lendey. Villars, 1473.

Lenglois. Montrevel, 1502.

Lent (de). Lent, v. 1145.

Lentenay (de). Izenave, 1339; Poncin, 1348.

Léonard. Belley, 1637.

Lepin. Rossillon, 1455.

Le Roux. Montluel, 1570.

Leroy. Villars, 1475; Beauregard, 1581; Pont-de-Veyle, v. 1670.

Leroyaulx. Chapelle-du-Châtelard, 1636.

Lescoffier. Viriat, 1331.

Lespinay. Dombes, 1659.

Lestang (de). Dombes, 1627.

Lestelley (de). Pays de Gex, 1528.

Leta (de). Pays de Gex, 1528.

Letraz (de). Polliat, 1467.

Letz. Genève et Thoiry, 1531.

Leurier de la Cour. Bourg, 1727.

Lever. Jailleux, 1528; Bourg, 1676.

Levieux. Bourg, 1677.

Lévis (de). Bresse, 1423.

Léviste. Lyon, 1309; Miribel, 1405; Villars, 1536; Messimy, v. 1550; Chaleins (Briandas), v. 1590; Trévoux, 1608.

Levrat. Ambléon, 1454; Saint-Jean-le-Vieux, 1525.

Levrier. Saint-Paul-de-Varax, 1468; Pays de Gex, 1526.

Leyment (de). Loyes, 1285.

Lhuillier. Pont-de-Vaux et Bourg, 1605.

Liareins (de même que *Glareins*). La Peyrouse, XIVᵉ siècle.

Liatard. Treffort, 1475.

Liates (de les). Villars, 1412.

Liatoud, Liatod et **Lyatod.** Dagneux,

1329; Viriat, 1347; Trévoux, 1370; Treffort, 1428; Montaney, 1470; Miribel, 1471; Chavannes-sur-Reyssouze, 1549.

Libellin (de). Juys, 1451.

Liègue (de la). Sainte-Olive, 1565.

Lière. Sillans, 1608.

Lièvre. Pays de Gex, 1526.

Liger (du). Romanèche, 1602.

Ligeys. Meximieux, 1482.

Ligo. Genève et Pays de Gex, 1469.

Liliaz (de). Douvres, 1483; Bugey, 1735.

Limagne (de la). Saint-Sulpice, 1393.

Limandas. Trévoux, 1513.

Limans. Thoissey, 1383.

Limin. Leymiat, 1354.

Lingot. Pays de Gex, 1510.

Lintoye (de). Pressiat, 1430.

Liobard (de). Bugey, 1250; Bourg, 1310; Pont-d'Ain, 1437; Bourg-Saint-Christophe, 1447; Niévroz, 1487; Sainte-Julie, 1585; Brion, 1642; Romans, 1698; la Franchise, 1707.

Lionnières (de). Sandrans, v. 1240; Ceyzériat, 1295.

Lissieu (de). Genay, 1257; Civrieux, 1266; Saint-Cyr-sur-Menthon, v. 1270.

Livet. Saint-Sulpice-en-Bugey, 1312; Nantua, 1400; Brénod, 1446; Ruffieu, 1510; Villars, 1678; Rossillon, 1750.

Livron (de). Collonges, xiie siècle; Péron, 1293; Thoiry, 1410; Ecorans, 1412; Allemogne et Sergy, 1445; Saint-Jean-de-Gonville, 1458; Flyes, 1532.

Lobrichon. Saint-Didier-de-Formans, 1609.

Loges (de). Escrivieu, v. 1640.

Logier. Meximieux, 1285.

Loisia, Loëze et **Loysia.** Bégé-la-Ville, v. 1200; Perrex, 1223; Jayat, 1251; Pont-d'Ain, 1405; Montcey, 1430; Bonrepos, 1487.

Lollier. Versailleux, 1727.

Lombard. Malix, 1366; Loyettes, 1429; Saint-Julien-sur-Reyssouze, 1453; Saint-Rambert, 1467; Villars, 1481; Buellas, 1657.

Lombardet. Varenne-Saint-Sauveur et Saint-Trivier-de-Courtes, 1417.

Lomel. Lavours, 1670.

Lompnes (de). Hostiaz, 1311; Meximieux, 1436; Gex, 1500; Virieu-le-Grand, 1590.

Longecombe (de). Longecombe, 1267; Arbignieu, 1423.

Longmont. Villars-sous-Treffort, 1349.

Longueval de Rigny. Polliat, 1636.

Longueville (de). Chazey-sur-Ain, 1460.

Loppin. Bellegarde, 1627.

Loras (de). Miribel, 1433; Leyment, 1475; Bourg, 1677.

Lorencin. Pont-de-Vaux, 1448.

Lorin. Pont-de-Vaux, 1602.

Loriol (de). Saint-André-sur-Suran, 1388; Pont-d'Ain, 1423; Bourg, 1424; Ambronay, 1491; Confrançon, 1602.

Lormaye (de). Jasseron, 1312; Foissiat, 1471; Coligny, 1499; Pays de Gex, 1662.

Lorosis (de). Montaney, 1493.

Losier (de). Pont-de-Vaux, 1563.

Lothier. Pays de Gex, 1467.

Loubat. Bohas et Villereversure, 1665; Bourg, 1768.

Louis. Villemotier, v. 1645.

Loup. Thoissey, 1455; Bey, 1460.

Louvat. Saint-Jean-le-Vieux, 1378; Trévoux, 1419; Neuville-sur-Saône, 1425.

Louverot (de). Pressiat, 1546.

Louvet. Sulignat, 1385, Saint-Martin-le-Châtel, 1496; Bourg, 1517; Belley, 1619.

Lovenne (de). Coligny, 1402.

Loy (de la). Pérouges, v. 1400.

Loyes (de). Loyes, v. 1145.

Lozard. Dombes, 1595.

Luan (de). Bourg, 1602.

Luc de Camus. Belvey, 1704.

Lucand. Champagne, 1438.

Lucat. Dombes, 1622.

Lucinge (de). Les Alîmes, 1494; Montluel, 1563; Bonrepos et Saint-Etienne-du-Bois, 1614; Cuisiat, 1653.

Lucquet. Dombes, 1653.

Lugny (de). Saint-Trivier-de-Courtes, 1402; Manziat, 1563.

Lugrin (de). Saint-Jean-de-Gonville, v. 1400; Pouilly-Saint-Genis, 1467; Sergy, 1500.

Luiseis ou **Luisey.** Bâgé, 1344.

Luiset et **Luyset.** Ambronay, 1297; Belley, 1392; Conzieu, 1432; Lompnas, 1602.

Lulin. Pays de Gex, 1556.

Lullain. Pirajoux, 1670.

Luminier. Dombes, 1618.

Lunard. Nantua, 1627.

Lunevis. Crans, 1381.

Luquin. Cerdon, 1423.

Lurcy (de). Genay, 1267.

Luyat (du). Marsonnas, 1213; Viriat, 1344; Ceyzériat, 1404.

Luyrieux (de). Béon, v. 1100.

Lyan (de). Ambronay, 1466.

Lyonnard. Lagnieu, 1640.

Lys. Serrières-de-Briord, 1607.

M

Mabire. Seyssel, 1606.

Mache. Grôlée, 1355.

Macet. Ceyzériat, 1329; Meillonnas, 1380; Pont-de-Veyle, 1398; Trévernay, 1446; Mépillat, 1563; Cruzilles et Saint-André-d'Huiriat, 1669.

Machard. Romans, 1333; Bourg, 1440; Ambronay, 1484; Buellas, 1563.

Machirat. Loyes, 1351; Châtillon-la-Palud, 1462.

Macognin (de). Seyssel, 1518; Virieu-le-Grand et Pont-de-Vaux, 1563.

Macrelere. Gex, 1366.

Maglans (de). Seyssel, 1518.

Magnien. Pont-d'Ain, 1621.

Magnier. Pays de Gex, 1526.

Magnieu. Virieu-le-Grand, 1621.

Magnin. Rigneux, 1334; Pérouges, 1376; Montluel, 1412; Loyes, 1416; Marboz, 1447; Lochieu, 1467; Saint-André-le-Panoux, 1468; Pays de Gex, 1478; Bâgé, 1490; Bourg, 1566; Abergement-Clémenciat, 1600; Lent, 1632.

Magnion. Lagnieu, 1392.

Maillans. Lagnieu, 1263; Bugey, 1542; Arbignieu et Seyssel, 1563; Anglefort, 1642.

Maire ou **Le Maire.** Prevessin, v. 1305.

Maître. Bourg, 1352; Tossiat, 1423; Montréal, 1431; Sermoyer, 1448; Pont-de-Veyle, 1471; Loyes, 1491; Poncin, 1559.

Malain (de). Bresse, 1494; Baneins, 1601.

Malarmey (de). Rossillon, 1649.

Malaval (de). Crottet, v. 1200; Bourg, 1349; Neuville-sur-Renom, 1399; Attignat et Vandeins,

1423; Châtillon-sur-Chalaronne, 1439; Marboz, 1449; Pérouges, 1472.

Malinier. Bourg, 1515.

Mallet. Bugey, 1249; Rancé, 1341; Cordon, 1444; Saint-Rambert, 1498; Douvres, 1582; Dombes, 1673.

Malliard ou **Maillard.** Pays de Gex, 1554.

Malliat (de). Bâgé-la-Ville, 1319.

Malliet. Saint-Rambert, 1318; Pays de Gex, 1436; Chalamont, 1456; Viriat et Bourg, 1460; Arnans, 1547; Treffort, 1574.

Malo. Yenne, 1483.

Malvoisin (de). Chalamont, 1433.

Malyvert. Bourg, 1490; Vaugrineuse, 1563; Corveissiat et Songieu, 1602.

Maman. Bourg, 1331; Polliat, 1417; Saint-Denis, près Bourg, 1493.

Mandulaz ou **Mandollaz.** Pays de Gex, 1497.

Mandier ou **Mandy.** Reyrieux, 1454.

Mandot. Montluel, 1653.

Manigand. Saint-André-le-Panoux, 1460.

Maniglier. Pays de Gex, 1556.

Manisson. Montluel, 1487.

Mantellier. Bourg, 1328; Foissiat, 1343; Saint-Nizier-le-Bouchoux, 1418; Treffort et Marboz, 1418; Pont-de-Veyle, 1518; Revonnas, 1683.

Manthe. Belley, v. 1750.

Manziat (de). Manziat, 1463.

Mar (de la). Bugey, 1563.

Marboz (de). Biziat, 1317; Foissiat, 1357; Marboz, 1359; Ambronay, 1458; Saint-Jean-sur-Veyle, 1470; Bourg, 1490; Ambérieu-en-Bugey, 1505; Treffort, 1604.

Marca. Dombes, 1620; Beauregard, 1648.

Marcel. Miribel, 1532.

Marchamp (de). Chaveyriat, 1339.

Marchand. Ambronay, 1297; Treffort, 1403; Chambéry et Pays de Gex, v. 1410; Chalamont, 1442.

Marché (du). Belley, 1260; Lyon, 1314; Saint-Rambert, 1463; Marboz, 1631.

Marciat (de). Chaveyriat, 1339; Marboz, 1590.

Maréchal. Crottet, 1227; Bâgé, 1335; Pont-de-Veyle, 1352; Pérouges, 1376; Montaney, 1381; Songieu, 1388; Pays de Gex, 1413; Cessy, v. 1390; Meximieux, 1405; Saint-Trivier-de-Courtes,

1409; Poncin, 1424; Montrevel, 1428; Malafretaz, 1437; Pont-de-Vaux, 1512; Bourg, 1537; Bény, 1563.

Marest (du). La Peyrouse, 1690.

Mareste (de). Bresse, xiv⁰ s.; Treffort, 1403; Vieu-en-Valromey, 1425; Mornay et Cerdon, 1466; Seyssel, 1499; Apremont, 1541; Chavannes-sur-Reyssouze, 1602.

Maret. Rigneux-le-Franc, 1285; Bugey, 1671.

Marguin. Bâgé, 1434; Saint-Trivier-de-Courtes, 1469; Pont-de-Veyle, 1501.

Mariettam. Curtafond, 1530; Treffort et Bourg, 1574.

Marignia (de). Volognat, 1336.

Marillac (de). Bonrepos, 1437.

Marin. Chanoz en Bugey, 1564.

Marimon. Bourg, 1632.

Marion. Montaney, v. 1170; Peyzieux, 1324; Bourg, 1459; Lyon, Monthieux et Saint-Marcel, 1463.

Marlia (de). Viriat, 1344; Bourg, 1411.

Marlieu. Montluel, v. 1400.

Marmet. Loyes, 1440.

Marmont (de). Vonnas, xiii⁰ s.

Marnas (de). Pays de Gex, 1366; Saint-André-de-Corcy, 1629.

Marnix (de). Bugey, 1502.

Marquis. Miribel, 1621.

Marron. Brénod, 1309; Dompierre-de-Chalamont, 1388; Chaveyriat, 1447; Marboz, 1495; La Peyrouse, 1649; Belvey, 1738; Meillonnas, 1740.

Mars. Belley, 1624.

Marsonnas (de). Attignat, 1264; Bourg, 1345; Pérouges, 1357.

Martel. Saint-Sulpice-en-Bugey, 1160; Saint-Martin-de-Bavel, 1432; Beynost, 1509; Dombes, 1600.

Marteret. Belley, 1328; Rancé, 1458.

Martignat. Martignat, 1176; Neuville-sur-Ain, 1412; Mézériat, 1493.

Martigny. Bâgé, 1295; Montmerle, 1486.

Martin. Bourg, 1270; Montluel, 1285; Ambronay, 1297; Châtillon-sur-Chalaronne, 1333; Ceyzériat, 1346; Virieu-le-Grand, 1352; Bâgé, 1384; Montrevel, 1414; Montréal, 1455; Neuville-sur-Renom, 1461; Biziat, 1497; Pays de Gex,

1520; Lent, 1545; Saint-Etienne-du-Bois, 1614; Chaveyriat, 1781.

Martinand. Passin, 1422; Sutrieu, 1517; Lompnieu, 1672.

Martinaz. Bourg, 1694.

Martines (de). Sergy, 1657.

Martinet. Dagneux, 1312; Saint-André-de-Corcy, 1398; Saint-Cyr-de-Relevant, 1398; Pont-de-Veyle, 1457; Reyrieux, 1468; Pérouges, 1475.

Marval (de). Pays de Gex, v. 1350.

Marzé (de). Marlieux et Sainte-Olive, 1320.

Marzola (de). Saint-Nizier-le-Désert, 1335.

Mas, **Maix** ou **Meix** (du). Bourg, 1465; Pérouges, 1471; Montluel, 1491.

Mascons. Belley, 1328.

Mascranny. Dombes, 1629.

Masier. Bourg, 1464.

Masnier. Cuisiat, 1465.

Massard. Montluel, 1784.

Masse (de). Sathonay, 1705.

Masset. Montluel, 1359; Rossillon, 1450.

Masson. Dombes, 1602; Bourg, 1621; Meximieux, 1749.

Massonnet. Abergement en Bugey, 1409; Cruzilles, 1440; Songieu, 1443; Brénod, 1685.

Matafelon (de). Matafelon, 1301.

Mathé et **Mathey**. L'Abergement-Clémenciat, 1501; Bourg, 1584.

Mathieu. Miribel, v. 1285; Trévoux, 1370; Poncin, 1502; Journans, 1527; Belley, 1739.

Mathon. Pont-d'Ain, 1646.

Matolvet. La Peyrouse, 1320.

Maugas. Trévoux, 1635.

Maurex (de). Pays de Gex, 1558.

Maurier. Nantua, 1661.

Maurillion. Rigneux-le-Franc, 1478.

May (de). Bresse, 1344; Saint-Julien-sur-Veyle, 1418; Villars, 1472.

Mayaud. Montluel, 1563.

Mayet. Niévroz, 1702.

Mazuyer. Saint-Trivier-sur-Moignans, 1333; Viriat, 1349; Saint-Germain-d'Ambérieu, 1360; Trévoux, 1391; Foissiat, 1426; Saint-Rambert, 1472.

Méan. Bressolles, 1770.

Médicis. Jasseron, 1477.

Mégard. Belley, 1723.

Méhier. Lagnieu, 1315.

Meillard. Montluel, 1399.

Meillet. Montluel, 1727.

Meinier ou **Meynier.** Dortan, 1611; Cornod, 1628; Neuville-sur-Renom, 1644.

Meissiat. Brénod, 1309; Cerdon, 1783.

Melin. Saint-Didier-sur-Chalaronne, 1376; Pont-de-Veyle, 1393; Laiz, 1439.

Mellioret. Bugey, 1352; Bourg, 1694.

Ménestrier. Saint-André-le-Bouchoux, 1513.

Menthon (de). Pays de Gex, xive s.

Menthonay (de). Pays de Gex, 1353.

Méons. Monthieux, 1302; Trévoux, 1304.

Mépillat (de). Mépillat, v. 1200.

Mérages (de). Bâgé, 1310; Pont-de-Vaux, 1418.

Mercier. Dompierre-de-Chalamont et Miribel, 1285; Bugey, 1321; Châtillon-sur-Chalaronne, 1337; Saint-Rambert, 1361; Virieu-le-Grand, 1383; Serrières-de-Briord, 1419; Montluel, 1425; Montdidier, 1438; Leymiat, Corveissiat, Marsonnas, 1439; Bourg, 1676.

Merdalon. Saint-Sorlin, 1322.

Merle. Chalamont, 1362; Trévoux, 1407; Baneins, 1438; Foissiat, 1601; Bourg, 1610.

Merlet. Ambronay, 1297.

Merlin. Châtillon-sur-Chalaronne, 1343.

Mermeillod. Crozet, 1686.

Mermet. Miribel, 1433; Belley et Cerdon, 1455; Lompnes, 1472; Montanges, 1551.

Mermety. Virignin 1657. V. *Mermet*.

Mermier. Bourg, 1466.

Mermillion. Nantua, 1395.

Mermoz. Cormaranche et Lompnes, 1381; Talissieu, 1383; Montluel, 1419.

Mérouge (de). Foissiat, 1400.

Mery. Montluel, 1719.

Meschin. Bresse, v. 1170.

Mesple (de). Pont-d'Ain, 1380.

Messy. Châtillon-la-Palud, 1658.

Métral. Tramoyes, 1500.

Métras. Foissiat, 1640.

Métrat. Abergement-Clémenciat, 1543.

Meugeu (de). Saint-Trivier-sur-Moignans, 1333.

Meuliere (de). Marboz, XVIe s.

Meunay (de). Monthieux, 1302.

Meunier. Baneins, Meximieux et Rigneux-le-Franc, 1285 ; Pont-de-Vaux, 1679.

Meuret ou **Muret.** Belley, 1631.

Meximieux (de). Meximieux, 1253 ; Genay, 1281 ; Montluel, 1328.

Meygret. Lompnes, 1386 ; Soridon, 1390 ; Meximieux, 1708 ; Ruffieu, 1717.

Meynant. Corbonod, 1608.

Meyrel. Parcieux, 1490.

Meyriat (de). Bourg, 1328 ; Bourg-Saint-Christophe, 1563.

Meyrins (de). Pays de Gex, 1356.

Meyrod. Pont-de-Vaux, 1411.

Meysson. Dombes, 1405 ; Douvres, 1426 ; Montrevel, 1459 ; Ambronay, 1466.

Meyssonnas (de). Montréal, 1302.

Meyssonnier. Viriat, 1379 ; Vescours, 1425 ; Bourg, 1432 ; Saint-Trivier-de-Courtes, 1469 ; Chazelles, 1566.

Mézériat (de). Châtillon-sur-Chalaronne, 1287 ; Mézériat, v. 1450 ; Vonnas, 1461.

Mias. Poncin, 1419.

Micard. Lompnas, 1627 ; Bourg, 1661.

Micaud. Trévoux, 1391.

Michaille. Gex, 1496; Silans, 1504; Dombes, 1588.

Michaliart. Chavannes, 1339.

Michallet. Serrières-sur-Ain, 1469; Lyon et Châtillon-sur-Chalaronne, 1664.

Michaud. Baneins, 1295; Gex, 1417; Chamagnat, 1422; Chevillard, 1427; Laiz, 1440; Virieu-le-Petit, 1558; Corcelles, 1569; Champagne, 1665.

Michel. Marboz, 1445; Villars, 1481; Bourg, 1486; Dombes, 1587; Peyzieux, 1664; Villereversure, 1685.

Michelet. Beynost, 1468; Meillonnas, 1482; Mâcon et Foissiat, 1509; Trévoux, 1540; Ambérieux-en-Dombes, 1544; Polliat, v. 1560.

Michelon. Châtillon-les-Dombes, 1531.

Micholet. Reyrieux, 1461; Trévoux, 1501.

Michon. Dompierre de Chalamont, 1340; Pont-d'Ain, 1664; Bourg, 1689.

Miclet. Abergement-Clémenciat, 1333.

Midan. Bourg, 1697.

Mifflet. Mogneneins, 1664.

Migieu (de). Belley, 1520.

Mignard. Corgenon, 1491.

Mignot. Genay, 1285; Lagnieu, 1323; Bourg, 1458.

Millaud. Lagnieu, 1365; Châtillon-la-Palud, 1482.

Mille. Joyeux, 1476.

Milleret. Pays de Gex, 1606.

Millerey. Dombes, 1704.

Milliat. Foissiat, 1401; Saint-Jean-sur-Veyle, 1424; Coligny, 1469; Marboz, 1533.

Milliers. Belley, 1633.

Milliet. Bourg, 1361; Montrevel, 1393; Montcet, 1430; Bâgé, 1461; Montluel, 1641.

Millo. Dombes, 1615.

Million. Villemotier, 1322; Châtillon-la-Palud, 1498.

Mimmet. Saint-André-de-Corcy, 1342.

Miribel (de). Bresse, 1095; Loyes, 1285.

Mirignon. Meximieux, 1405.

Mistral. Peyrieu, 1352; Culoz, 1353; Divonne, 1391; Nantua, 1427; Seyssel, 1492.

Mitiffiot. Bugey, 1564.

Mizérieux (de). Saint-Didier-de-Formans, 1263.

Mochon. Bugey, 1271; Dombes, 1598.

Moienne. Pays de Gex, 1554.

Moiffon. Bresse, v. 1210; Pizay, 1271; Montluel, 1295.

Moine. Peyzieux, 1324; Foissiat, 1374; Soudon, 1383; Saint-Germain-d'Ambérieu, 1391; Pays de Gex, 1412; Montrevel, 1437; Montluel, 1720.

Moiroud. Baneins, 1285; Saint-Julien-sur-Veyle, 1371; Pont-de-Vaux, 1416; Sulignat, 1440; Laiz, 1443; Bourg, 1512.

Moissard. Matafelon, 1419; Marboz, 1529.

Moisson. Meximieux, 1741.

Molar ou **du Molard.** Bugey, 1339; Saint-Germain-d'Ambérieu, 1344; Saint-Sorlin-de-Cuchet, 1361; Rougemont, 1400; Saint-Jean-sur-Veyle, 1443; Pont-d'Ain, 1447; Montluel, 1461; Jayat, 1467; Rillieux, 1476; Neuville-sur-Renom, 1505; Billiat, 1563.

Molene (de). Miribel, 1334.

Moles (de). Béligneux, 1285; Montluel, 1328; Saint-Maurice-de-Beynost, 1436.

Molier. Bourg, 1437.

Mollet. Souclin, 1361; Villars, 1440; Saint-Rambert, 1467.

Molin. Montluel, 1768.

Molon (de). Châtillon-la-Palud, 1243; Miribel, 1258; Neyron, 1262; Villereversure, 1368; Bâgé, 1405.

Monde. Bourg, 1459.

Monery. Pont-de-Veyle, 1484.

Monni. Pont-de-Vaux, 1468; Pont-d'Ain, 1470; Bourg, 1508; Izernore, 1549; Saint-Jean-le-Vieux, 1628; Belley, 1644; Montcolon, 1675.

Monnachon. Bourg, 1349.

Monnat. Montluel, 1474.

Monnet. Bressolles, 1220.

Monnier. Viriat, 1328; Mézériat, 1352; Baneins, 1412; Biziat, 1444; Corgenon, 1474; Pont-de-Veyle, 1672; Saint-Martin-le-Châtel, 1974.

Monnot. Bourg, 1609.

Monspey. Bey, XIVe siècle.

Mont ou **Mons** (de). Rigneux-le-Franc, 1285; Monthieux, 1339; Saint-Trivier-de-Courtes, 1418; Miribel, 1580; Bourg, 1602.

Montagnat. Saint-Rambert, 1480; Douvres, 1689; Belley, 1735; Ambérieu-en-Bugey, 1751.

Montagne (de la). Bourg, 1485; Pays de Gex, 1559.

Montagniard. Arandas, 1583.

Montagnie. Pays de Gex, 1617.

Montagneux (de). Montanay, 1256; Saint-Marcel, 1274.

Montagnon. Meximieux, 1308.

Montagny (de). Illiat, 1374.

Montange (de). Montréal, 1336.

Montanier. Bourg, 1339; Sermoyer, 1398; Béreyziat, 1437; Seyssel, 1618; Gex, 1643.

Montarfier (de). Bugey, 1352.

Montbedon (de). Saint-Julien-sur-Reyssouze, 1452.

Montbel (de). Saint-Maurice-de-Gourdans, 1418.

Montbelet (de). Sermoyer, v. 1170; Dombes, 1629.

Montbernon (de). Chalamont, 1452.

Montblein (de). Trévoux, 1424.

Montbon (de). Poncin, 1354.

Montburon (de). Bâgé, 1297; Confrançon, 1376.

Montchabod. Abergement-Clémenciat, 1469.

Montchanin (de). Dombes, 1635.

Montchenu (de). Pays de Gex, 1450; Saint-Germain-d'Ambérieu, 1498.

Montchermet. Chaillouvres, 1438.

Montcornu. Lagnieu, 1351.

Monteut (de). Chalamont, 1435.

Montdemangue (de). Châtillon-sur-Chalaronne, 1481.

Montdésert (de). Polliat, 1367; Reyrieux. 1499.

Mont-d'Or (de). Lent, 1269; Rigneux-le-Franc, 1285; Saint-André-de-Corcy, 1302; La Peyrouse, 1303; Dagneux, 1448.

Montdragon. La Serra, 1429.

Montellier (du). Le Montellier et Meximieux, 1221.

Montelliet. Monthieux, 1421.

Montemad. Montluel, 1733.

Monterrad. Châtillon-sur-Chalaronne, 1532; Neuville-sur-Renon, 1543.

Monteschaton (de). Ronzuel, 1196.

Montessus (de). Servignat, 1648.

Montet (du). Jailleux, 1425; Montluel, 1452; Dombes, 1600.

Montfalcon (de). Bugey, 1146; Saint-Rambert, 1317.

Montfalconnet (de). Polliat, 1270.

Montfaucon (de). Peyrieu, 1642.

Montferrand (de). Torcieu, v. 1200.

Montfort (de). Foissiat, 1417; Saint-Georges-de-Renon, 1672.

Montgeffon (de). Meximieux, 1679.

Montgey (de). Curciat, 1422; Pont-de-Vaux, 1602.

Montgilbert (de). Bâgé, v. 1170.

Montgrillet (de). Château-Gaillard, 1650.

Montherot (de). Béligneux, 1710.

Monthoux (de). Pays de Gex, 1400.

Montiernost (de). Bâgé, 1401.

Montillet. Belley, 1595; Virignin, 1644.

Montilliens (de). Bourg, 1275.

Montion. Songieu, 1386; Bourg, 1396.

Montjoie (de). Versailleux, 1718.

Montjouvent (de). Varennes-Saint-Sauveur, XIVe siècle; Saint-Trivier-de-Courtes, 1416; La Pérouse, 1500; Saint-André-d'Huiriat, 1563.

Montloex (de). Saint-Trivier-de-Courtes, 1520.

Montluel (de). Montluel, XIIe siècle.

Montluet. Chalamont, 1540.

Montluyers ou **Montluyr.** Bourg, 1433.

Montluzin (de). Illiat, 1749.

Montmaieur. Pays de Gex, 1535.

Montmerle (de). Montmerle, xiᵉ siècle.

Montmoret (de). Martignat, 1467; Bény, 1529.

Montmoux (de). Bourg, 1724.

Montolivet (de). Saint-Maurice-de-Gourdans, 1681.

Montréal (de). Bugey, 1266; Condamine-la-Doye, 1305; Bélignat, 1322; Meillonnas, 1423; Villars, 1420.

Montrenard. Mantenay, v. 1650.

Montrichard (de). Marboz, 1449; Verjon, 1479; Coligny, 1514.

Montrond (de). Le Montellier, 1324.

Montrozard (de). Saint-Germain-de-Renon, 1338; Chapelle-du-Châtelard, 1391; Villars, 1501.

Montsimon (de). Lyon, 1383; Vescours, 1442.

Montvert (de). Lagnieu, 1618.

Morand. Viriat, 1339; Foissiat, 1382; Châtillon-sur-Chalaronne, 1406; Chavannes-sur-Reyssouze, 1424; Oussiat, 1439; Ambronay, 1473.

Morand (de). Pays de Gex, 1660.

Morard. Virieu-le-Grand, 1531.

Moray (de). La Balme-Saopel, 1305.

Moraz (de). Miribel, 1386.

Moreau. Saint-Trivier-de-Courtes, 1563; Bourg, 1628; Chaveyriat, 1635.

Morel. Civrieux, 1285; Ambronay, 1297; Saint-Martin-le-Châtel, 1329; Marboz, 1343; Vonnas, 1361; Bâgé, 1378; Pont-de-Vaux, 1390; Bourg, 1411; Coligny, 1416; Vescours, 1464; Reyrieux, 1468; Neuville-sur-Renon, 1473; Montanay, 1478; Jayat, 1487; Seyssel, 1492; Saint-Jean-sur-Veyle, 1500; Montluel, 1512; Saint-Trivier-de-Courtes, 1531; Groslée, 1604; Chapelle-du-Chatelard, 1633; Villars, 1657; Dagneux, 1756.

Morelin (de). Crans, 1407.

Morellet. Bâgé, 1310; Bourg, 1689.

Morestel (de). Lent, 1244.

Morestin. Saint-Jean-le-Vieux, 1371.

Moret. Bourg, 1430.

Morgon. Saint-Etienne-sur-Chalaronne, 1727.

Morier. L'Abergement-Clémenciat, 1426; Bugey, 1487.

Morillard. Châtillon-sur-Chalaronne, 1547.

Morillon. Rigneux-le-Franc, 1309.

Mornay. Chaley, 1441.

Mornay (de). Mornay, 1164.

Mornieu (de). Chambéry et Izieu, 1498; Belley, 1602; Grammont, 1653.

Mornis. Pont-d'Ain, 1467.

Morron. Civrieux, 1266; Ambérieux, 1306; Massieux, 1334.

Mort. Ruffieu, 1510.

Mortel. Dombes, 1581.

Mortier. Ambronay, 1297; Condeissiat, 1421; Sainte-Euphémie, 1480; Saint-Etienne-sur-Chalaronne, 1505; Bonrepos, 1549; Bourg, 1651; Mogneneins, 1664.

Mosset. Montluel, 1588; Marboz, 1590.

Most ou **Moz** (de). Talissieu, 1694.

Motellet ou **Motallet.** Pont-d'Ain, 1564.

Mottelliet. Passin, 1419.

Motet. Meximieux, 1278; Saint-Germain-d'Ambérieu, 1391; Bourg, 1393; Condamine-la-Doye, 1444; Chambéry, 1566.

Mottadès (de la). Villeneuve, 1395.

Motte (de la). Seyssel, 1450.

Mottin. Dombes, 1595.

Motton. Sainte-Olive, 1758.

Mouchon ou **Mochon.** Belley, 1312.

Moulin (du). Bâgé, 1529.

Moureau. Chaveyriat, 1602.

Mourier. Bâgé, 1294.

Mouroux. Perrex, 1429.

Mouton. Bressolles, 1229; Mâcon et Saint-Laurent, 1453; Saint-Sulpice, 1563.

Mouxi. Montréal, 1602.

Moynat. Saint-Martin-du-Frêne, 1448; Saint-Alban, 1706.

Moyret. Tossiat, 1421; Lochieu, 1486; Cerdon, 1711.

Moyria. Cerdon, XIIIe siècle.

Moyse. Amareins, 1498.

Moyson (de). Abergement-Clémenciat, 1403.

Moyssonnier. Chapelle-du-Chatelard, 1491.

Moz. Béon-Luyrieux, 1633.

Muet. Montluel, 1769.

Mugnier. Saint-Barnard, 1264; Miribel, 1285; Lompnes, 1289; Condamine-la-Doye, 1304; Montluel, 1312; Lagnieu, 1316; Bourg, 1323; Viriat, 1342; Souclin, 1353; Apremont et Nantua, 1413; Ambronay, 1470; Loyes et Châtillon-sur-

Chalaronne, 1543; Rossillon, 1593; Izieu, 1628; Virieu-le-Grand, 1629.

Munaret. Nantua, 1433.

Munet. Passin, 1714. V. *Put*.

Munet (de). Virieu-le-Petit, 1247; Ceyzérieu, 1293; Ambronay, 1399.

Murard. Peyzieux, 1324.

Murard (de). Béligneux, 1671.

Murat (de). Dommartin et Pays de Gex, 1401.

Mure (de). Ambronay, 1297; Ceyzériat, 1357.

Murgier. Méximieux, 1285; Baneins, 1470; Chalamont, 1482; Villeneuve, 1631; Savigneux, 1672.

Murier. Marboz, 1357.

Murillon. Laiz, 1457.

Murisson. Cras-sur-Reyssouze, 1349.

Musin (de). Valromey, 1249; Ambronay, 1450.

Musy. Bourg, 1375.

Musy (de). Bâgé, 1294; Cessiat, 1336; Saint-Etienne-du-Bois, 1360.

Muthon. Loyes, 1490.

Mutin. Montréal, 1393.

Mynet. Dombes, 1580.

N

Nachirel. Cerdon, 1339.

Nachon. Dombes, 1658.

Nalard. Saint-Sorlin-de-Cuchet, 1361; Saint-Rambert, 1380; Ronzuel, 1396; Trevoux, 1483; Saint-André-d'Huiriat, 1538.

Nalet et **Nallet.** Lagnieu, 1454; Viriat, 1456; Bourg, 1512; Crottet, 1532.

Nanciat (de). Mantenay, 1418.

Nancuise (de). Saint-Trivier-de-Courtes, 1442; Villars, 1477.

Nant (de). Saint-Jean-de-Gonville, 1371; Gex, 1540.

Nantua (de). Bresse et Revermont, 1292.

Napt (de). Haut-Bugey, 1164.

Natage (de). Bugey, 1352; Lhuis, 1362.

Navilly (de). L'Abergement-Clémenciat, 1327.

Nazaret. Mâcon et Replonges, 1672.

Nepple. Montluel, 1749.

Nerbollier. Vieu-en-Valromey, 1393.

Nergaz. Genève et Pays de Gex, 1497.

Neufchâtel (de). Pays de Gex, 1601.

Neuville (de). Rancé, 1704.

Nevoret. Bourg, 1707.

Neyle (de). Bourg, 1616.

Neymo. Montluel, 1452.

Neyret. Montanay, 1256; Saint-Trivier-sur-Moignans, 1333; Dompierre, 1355; Saint-André-de-Corcy, 1561.

Neyron. Saint-Sorlin-de-Cuchet, 1293; Amareins, 1470.

Nicod. Gex, 1447; Cessy, 1686.

Nicolas. Bourg, 1694.

Nicolau. Montribloud, 1754.

Nicolet. Feillens, 1522; Foissiat, 1640.

Niepce. Bresse, 1736.

Niévroz (de). Montluel, 1247; Beynost, 1278.

Niger. Bugey, 1728.

Niost (de). Beynost, 1295.

Nique. Montluel, 1730.

Niquet. Bourg, 1567.

Nivière. Peyrieu, 1650.

Nizeret. Chalamont, 1356; Villars et Miribel, 1590.

Noble (Le). Pont-de-Vaux, 1529.

Noblems. Villereversure, 1411; Viriat, 1563.

Noblet. Pont-de-Veyle, 1420; Saint-Cyr-sur-Menthon, 1532; Saint-Jean-sur-Veyle, 1630.

Nodet. Villebois, 1320; Serrières-de-Briord, 1630.

Noël. Saint-Germain-d'Ambérieu, 1392.

Nofiland. Crans, 1518.

Noir. Lagnieu, 1319; Villebois, 1361; Tossiat, 1394.

Noly. Bourg, 1621.

Normandie (de). Bourg, 1602.

Nortoben. Poncin, 1420.

Nouvelet. Bâgé, 1477.

Novacelle. Seyssel, 1494; Pays de Gex, 1509.

Novare (de). Trévoux, 1424.

Novel. Tramoyes, 1314.

Novelles. Châtillon-sur-Chalaronne, 1406.

Noyel. Trévoux, 1608; Bereins, 1752; Bourg, 1756.

Noyerand. Saint-Sorlin-de-Cuchet, 1361.

Noyeret. Cruzilles, 1344.

Noyotant. Jujurieux, 1646.

Nugo ou **Nugue.** Reyrieux, 1586.

Nugoz. Châtillon-sur-Chalaronne, 1657.
Nurrin. Pays de Gex, 1489.

O

Obrien. Bourg, 1759.

Oddimet. Saint-Trivier-sur-Moignans, 1453; Montréal, 1566.

Oddon. Dompierre, 1476.

Odet. Attignat, 1355; Dombes, 1610; Pont-de-Veyle, 1641.

Odin. Rancé, 1470.

Œuvre (de l'). Bourg, 1343.

Ogier. Cuisiat, 1330; Peyzieux, 1378; Bourg, 1446; Curtafond, 1551.

Oillet. Montluel, 1285.

Oingt (d'). Savigneux, 1318; Villars, 1343.

Oisselle (d'). Bugey, 1222.

Ojard. Foissiat, 1420.

Olard ou **Ollard.** Loyes, 1271; Gex, 1625; Belley, 1707.

Olivier. Bourg, 1386; Marboz, 1412; Saint-Etienne-du-Bois, 1628; Crans, 1701.

Ollier. Ambronay, 1297 ; Trévoux, 1474.

Oman (de l'). Marboz, v. 1680.

Oncieu (d'). Bugey, 1140 ; Rossillon, 1266 ; Ambronay, 1280 ; Châtillon-sur-Chalaronne, 1274 ; Bourg, 1328 ; Saint-Germain-d'Ambérieu, 1344 ; Douvres, 1388 ; Courmangoux, 1431 ; Saint-Denis-le-Chosson, 1655.

Onglas (d'). Bénonces, xiie siècle.

Orcel. Chaveyriat, 1366.

Orcières (d'). Miribel, 1285 ; Chalamont, 1482 ; Coligny, 1615.

Orlandin. Gex, 1630.

Orlier (d'). Pays de Gex, 1445 ; Loyes, 1485.

Orlieu (d'). Montluel, v. 1400.

Orly (d'). Chevry, 1602.

Orme (de l'). Bénonces, 1236 ; Condamine-la-Doye, 1276 ; Dommartin-de-Larenay, 1304 ; Saint-Sulpice-en-Bugey, 1311 ; Bourg et Rossillon, 1455.

Ormesson (d'). Montceaux, 1675.

Orset. Bresse, 1560 ; Ambronay, 1579 ; Corgenon, 1622 ; Lent, 1672.

Orsiers (des). Pays de Gex, 1499.

Oyonnax (d'). Oyonnax et Bélignat, 1315 ; Serrières-sur-Ain, 1467.

Ozanam. Fareins, 1490; Saint-Trivier-sur-Moignans, 1659; Montagnieu, 1691.

P

Pacalet. Lagnieu, 1477.
Pacard. Saint-Trivier-de-Courtes, 1481; Saint-Nizier-le-Bouchoux, 1498.
Pachod. Foissiat, 1641.
Pacoud. Montrevel et Polliat, 1496; Villars, 1498; Saint-Didier-d'Aussiat, 1638; Mézériat, 1764.
Page. Monthieux, 1423; Tramoyes, 1468; Saint-Germain-de-Renom, 1474; Genay, 1482.
Paget et **Pages.** Loyes, 1285; Meximieux, 1308; Montcet, 1430; Bourg, 1440.
Pagnellet (de). Saint-Sorlin, 1602.
Palandrin. Dombes, 1342.
Palatin. Dombes et Franc-Lyonnais, XII° s.
Palays. Bénonces, 1272.
Palenchard. Montrevel, 1374.
Palliasson. Trévoux, 1581.
Pallières (de). Saint-Sorlin-de-Cuchet, 1440.

Pallioz. Montluel, 1312.

Palmier. Marboz et Monthieux, 1423.

Palordet. Viriat, 1405; Bourg, 1421.

Paluat. Bourg, 1367; Saint-Martin-le-Châtel, 1496; Jalamondes, 1563.

Palud (de la). Bresse, XIIe s.

Panet. Béligneux, 1293; Cerveyrieu, 1312; Marchamp, 1431, Lagnieu, 1458; Ambronay, 1493.

Panetier. Châtillon-sur-Chalaronne, 1347; Chaneins, 1378; Foissiat, 1401; Saint-Cyr-de-Relevant, 1406; Vescours, 1448; Pont-de-Veyle, 1462.

Panissier. Bresse, 1528.

Paparel. Dombes, 1648.

Paquellet. Bourg, 1477.

Paquet. Montferrand, 1488.

Para. Meximieux, 1308; Saint-Martin-de-Chalamont, 1354.

Paradis. Marboz, 1445; Bourg, 1738.

Pardin. Bourg, 1691.

Parent. Birieux et Villars, 1458; Montluel, 1474; Virieu-le-Grand et Neuville-sur-Saône, 1480.

Parcy. Dombes, 1591; Bourg, 1661.

Parfetas. Montluel, 1736.

Pariset. Ambronay, 1297; Châtillon-sur-Chalaronne, 1360; Saint-Etienne-du-Bois, 1658.

Parisot. Dortan, 1609.

Parpillion. Bugey, 1324; Arbent, 1419; Poncin, 1446; Surjoux, 1653.

Parraz. Belley, 1710.

Parrenens. Mogneneins, 1333.

Parret. Bourg, 1605.

Parvi. Saint-Trivier-sur-Moignans, 1458; Saint-Rambert, 1510; Charancin, 1534.

Pascal. Genay, 1257; Savigneux, 1386; Poncin, 1424; Biziat, 1441; Vescours, 1462; Chazey-sur-Ain, 1568; Bourg, 1628.

Passerat. Ordonnas, 1333; Bourg, 1361; Châtillon-de-Michaille, 1566; Jujurieux, 1649.

Passin. L'Abergement-Clémenciat, 1523.

Passy. Gex, 1682.

Pastey. Chazey-sur-Ain, 1580.

Pasturel et **Paturel**. Ambronay, 1456; Saint-Rambert, 1482.

Paternier. Pouilly-Saint-Genis, 1412.

Patet. Ambronay, 1299.

Patiot. Pizay, 1450.

Pattoux (de). Montracol, 1471.

Pauges. Jujurieux et Bourg, 1569.

Pauly. Bresse, 1342; Dombes, 1587.

Pavaneins (de). Bugey, 1247; Leyment, 1298; Lagnieu, 1331.

Pavillon. Péronnas, 1667.

Paviot. Ambronay, 1297; Polliat, 1406.

Payns. Versailleux, 1278.

Payot. Villars, 1552.

Payre. Bâgé, 1335.

Payrouz. Miribel, 1285.

Péchard. La Balme-sur-Cerdon, 1314.

Péchet. Meximieux, 1308; Beynost, 1436; Saint-Maurice-de-Beynost, 1509.

Peget. Reyrieux, 1499; Trévoux, 1611.

Pegon. Amblamieu, 1358; Ceyzériat, 1483.

Peguet. Miribel, 1776.

Peguin. Lagnieu, 1429.

Peillet. Chalamont, 1675.

Peilliart. Saint-Barnard, 1377.

Pélagey. Valromey, 1352; Champagne, 1393; Pérouges, 1425.

Pélapussin (de). Bény, 1529; Saint-Nizier-le-Bouchoux, 1648.

Pelerin. Saint-Germain, 1524.

Peleron. Crans, 1405.

Pellat. Chazey-sur-Ain, 1473.

Pélissier. Saint-André-le-Panoux, 1685.

Pellerin. Bourg, 1415; Arandas, 1444; Bâgé, 1467.

Pelleterat. Treffort, 1423; Saint-Martin-le-Châtel, 1496; Saint-Didier-d'Aussiat, 1668.

Pelletier. Sulignat, 1313; Bourg, 1338; Châtillon-sur-Chalaronne, 1346; Saint-Cyr-de-Relevant, 1363; Saint-Martin-le-Châtel, 1403; Montluel, 1425; Illiat et Pont-de-Veyle, 1457; Vonnas et Cerdon, 1472; Cormoranche, 1504; Bâgé, 1540; Foissiat, 1562.

Pellet. Montmerle, 1333; Bourg, 1446; Villars, 1481.

Pelliet. Neuville-sur-Renom, 1466; Pougny, 1529.

Pellin. Passin-en-Valromey, 1419; Cerdon, 1481; Dombes, 1594.

Pellocet. Bourg, 1459.

Peloce. Ambronay, 1386; Pont-de-Veyle, 1391-1438.

Pelocier. Volognat, 1484.

Pelordet. Châtillon-sur-Chalaronne, 1429.

Pelossard. Bénonces, 1247; Saint-Germain-d'Ambérieu, 1411; Montrevel, 1436; Cras, 1468; l'Abergement-Clémenciat, 1528.

Pellut. Dommartin, 1471.

Pelly. Lagnieu, 1426.

Peloux. Virieu-le-Petit, 1301; Viriat, 1379; Meillonnas, 1428; Pont-de-Veyle, 1443; Polliat, 1462; Saint-Martin-du-Fresne, 1465; Chaveyriat, 1476; Laiz, 1538; Champagne, 1706; Montrevel, 1761.

Penet. Peyzieux, 1378; Saint-Trivier-sur-Moignans, 1534; Bourg, 1572; Thoissey, 1678.

Penier. Nantua, 1621.

Pénin. Montluel, 1440.

Pennard. Bourg, 1347; Treffort, 1349; Meillonnas, 1449; Chalamont, 1487.

Pennaud. Montluel, 1459.

Perard. Châtillon-sur-Chalaronne, 1499.

Perdrillon. Dombes, 1651.

Perdrix. Bény, 1571.

Pericaud. Perrex, 1592.

Pernet. Brion, 1623.

Perot. Chalamont, 1642.

Perra. Replonges, 1526.

Perrachon. Villars, 1472; Varambon, 1655.

Perrad. Baneins, 1406; Saint-Jean-de-Thurigneux, 1473; Trévoux, 1475.

Perraud. Viriat, 1331; Thoissey, 1631; Grièges, 1704.

Perraut. Gex, 1706.

Perret. Montceaux, 1285; Peyzieux, 1324; Bublanne, 1409; Jayat, 1437; Corveissiat, 1439; Ambléon, 1454; Viriat, 1467; Reyrieux, 1468; Pont-d'Ain, 1473; Lagnieu, 1475; Bourg, 1480; Trévoux, 1500; Pays de Gex, 1543; Belley, 1653; Saint-André-d'Huiriat, 1673; Pont-de-Vaux, 1700; Pont-de-Veyle, 1708.

Perrier. Montrevel, 1320; Joyeux, 1380; Bourg, 1386; Montluel, 1393; Treffort et Faramans, 1425; Le Montellier, 1444; Reyrieux, 1468; Villemotier et Bourg, 1490; Chalamont, 1491; Belley, 1723.

Perrière (de la). Chaveyriat, 1563; Châtillon-sur-Chalaronne, 1632.

Perrin. Nantua, 1433; Béreyziat, 1480; Belley, 1553; Bourg, 1627; Dombes, 1637; Montrevel, 1649; Foissiat, 1653; Jayat, 1657.

Perrinet. Bourg, 1448.

Perrissel. Neyrieux, 1501.

Perrochet. Saint-Didier-de-Formans, 1496.

Perrochin. Bourg, 1423.

Perroes (de). Bâgé, 1245.

Perron. Dombes, 1620.

Perrotin. Bugey, 1570.

Perronier. Cerdon, 1498.

Perroset. Saint-Germain-d'Ambérieu et Neuville-sur-Renom, 1542.

Perroud. Ozan, 1668.

Perrouse (de la), **Perouze, Peyrouze.** Bresse, 1294; Bourg, 1340; Seyssel, v. 1390; Lescheroux, 1397.

Perrucard. Balon et Léaz, 1566.

Perruchet. Grièges, 1519; Pont-de-Veyle, 1531.

Perruquet. Virieu-le-Grand, 1441; Rossillon, 1479; Matafelon, 1653; Bourg, 1752.

Perrussel. Peyzieux, 1324; Saint-Genis-sur-

Menthon, 1361; Saint-Trivier-sur-Moignans, 1575; Genouilleux, 1664.

Perrusset. Ambronay, 1338.

Perrussod. Pays de Gex, v. 1350; Valromey, 1425; Pont-de-Veyle, 1457.

Pertuizet. Saint-Trivier-de-Courtes, 1621; Foissiat, 1640.

Pesant. Châtillon-la-Palud, 1462.

Pesme (de). Ferney, 1498.

Pesson. Laiz, 1459.

Petellier et **Petillier**. Pouilleux, 1415; Vandeins, 1431; Laiz, 1457; Pont-de-Veyle, 1495.

Petet. Bourg, 1678.

Petignon. Dombes, 1630.

Petit. Ambronay, 1297; Pont-de-Veyle, 1329; Massieux, 1362; Crans, 1453; Reyrieux, 1499; Saint-Nizier-le-Bouchoux, 1509; Neyrieux, 1607; Villars, 1678.

Pétré. L'Abergement, 1573; Ambronay, 1577.

Pétremant (de). Treffort, 1758.

Peyrat. Reyrieux, 1482.

Peyrollet. Bourg, 1537.

Peyronnet. Allemagne, 1726; Gex, 1752.

Pézieu (de). Bugey, v. 1350.

Philibert. Marboz, 1406; Chaneins, 1457; Crottet, 1532; Pérouges, 1594; Versailleux, 1717.

Philippe. Montluel, 1732.

Philippon. Pays de Gex, 1533.

Piajard. Trévoux, 1603.

Piarron. Dombes, 1618; Sainte-Euphémie, 1704.

Piat. Bourg, 1473.

Piatet. Bresse, 1462; Saint-Rambert, 1566.

Piault. Seyssel, 1625.

Picard. Foissiat, 1382; Ambronay, 1391; Villars, 1536; Jujurieux, 1540; Saint-Martin-du-Mont, 1580.

Pichat. Saint-Trivier-sur-Moignans, 1333; Foissiat, 1426; Malafretaz, 1449.

Pichin. Tramoyes, 1580.

Pichon. Ambronay, 1297; Peyzieu, 1444.

Pichond. Châtillon-sur-Chalaronne, 1395.

Picollet. Bourg, 1539; Virieux, 1607; Chaveyriat, 1653.

Picquet. V. *Piquet*.

Pictet. Genève, Montréal et Ferney, 1756.

Pierre (de la). Pays de Gex, 1224; Saint-Etienne-sur-Chalaronne, 1419; Meximieux, 1436.

Pierre-Gros. Foissiat, 1510.

Pierron. Bourg, 1766.

Pignard. Bourg, 1550.

Pignat. Saint-André-de-Corcy, 1291; Chalamont, 1349; Loyes, 1405; l'Abergement-en-Bugey, 1406; Trévoux, 1424; Châtillon-sur-Chalaronne, 1426; Pérouges, 1563.

Pigneral. Ceyzériat, 1475.

Pignier. Condamine-la-Doye, 1331; Belley, 1381.

Pigniot. Illiat, 1459.

Pignon (du). Villeneuve, 1595; Trévoux, 1614.

Pijolet. Meximieux, 1771.

Pilat. Montluel, 1328.

Pilliard. Nantua, 1334.

Pillehotte. Messimy, 1652; Gourdans, 1667.

Pillicier. Echenevex, 1447.

Pilliet. Marboz, 1357; Foissiat, 1382.

Pillot. Meximieux, 1568; Foissiat, 1702.

Pin. Foissiat, 1374; Saint-Trivier-de-Courtes, 1443; Pérouges, 1700.

Pinard. Pays de Gex, 1574.

Pinas. Rigneux-le-Franc, 1730.

Pinet. Marboz, 1445 ; Bourg, 1531.

Pingeon. Cerdon, 1675 ; Chalamont, 1733.

Pinjon. Ambronay, 1297 ; Lochieu, 1486.

Piochet. Bresse, 1460 ; Bourg, 1471.

Pion. Pont-de-Vaux, 1563.

Pipollet. Ambérieux-en-Dombes, 1473.

Piquet et **Picquet.** Matafelon, 1462, Bélignat, 1686 ; Bourg, 1741 ; Saint-Etienne-du-Bois, 1757.

Piroud. Bourg, 1654.

Pitez. Oyonnax, 1336.

Pitit. Pont-de-Veyle, 1393.

Pilliard. Bourg, 1563.

Pitrat. Leyment, 1531.

Pitre. Polliat, 1787.

Pivet. Foissiat, 1619.

Place (de la). Pays de Gex, 1527 ; Chalamont, 1733.

Plagne. Reyrieux, 1454.

Planche (de la). Bâgé, 1344 ; Francheleins, 1409.

Planta. Genay, 1739.

Plantay (du). Le Plantay, 1305.

Plantier. Genay, 1480 ; Pouilleux, 1489.

Plassard. Montluel, 1736.

Plasse. Dombes, 1661 ; Chalamont, 1686.

Platery. Bourg, 1478.

Platier. Le Plantay, 1479.

Plomb (de). Montluel, 1651.

Plombost. Bourg, 1535.

Plombs (de). Argis et Tenay, 1210.

Plumet. Tessiat, 1420.

Pluvy. Izieu, 1256.

Pobel. Bény, 1445.

Pobel (de). Pays de Gex, 1640.

Pochet. Vieu-en-Valromey, 1267 ; Malix, 1366 ; Lompnieu, 1386 ; Charancin, 1492 ; Champagne, 1714 ; Ceyzérieux, 1749.

Pochon. Bourg, 1661.

Poges (de). Lyon et Bourg, 1551.

Poinsard. Bourg, 1614.

Poisat et **Poysat.** Pont-de-Veyle, 1368 ; Montréal, 1484 ; Saint-Germain-d'Ambérieu, 1496 ; Bugey, 1502 ; Belley, 1563.

Poitevin. Pont-de-Vaux et Pont-de-Veyle, 1712.

Poizom. Loyes, 1426.

Polette. Bourg-Saint-Christophe, 1652.

Polignac (de). Baneins, 1745.

Pollet. Villars, 1481 ; Saint-Germain-d'Ambérieu, 1566 ; Fareins, 1672.

Polli. Bourg, 1423 ; Perrex, 1473.

Polliat. Corcelles, 1422 ; Bâgé-la-Ville, 1439 ; Bourg, 1553 ; Foissiat, 1633.

Polligny (de). Bresse, 1618.

Pollo. Thoissey, 1640.

Polloczard. Saint-Germain-d'Ambérieu et Langes, 1425.

Pomat. Bourg, 1464.

Pomey (de). Genay, 1672.

Pomier. Viriat, 1346 ; Rancé, 1458.

Pommeret. Feillens, 1686.

Pommier. Dombes, 1611.

Pommiers (de). Bresse, 1243 ; Pizay et Bressolles, 1271.

Ponceon. Rossillon, 1494.

Poncet. Saint-Martin-le-Châtel, 1286 ; l'Abergement, 1398 ; Chavannes-sur-Reyssouze, 1436 ; Beynost, 1445 ; Villars, 1466 ; Saint-Didier-sur-Chalaronne, 1478 ; Châtillon-la-Palud, 1479 ; Saint-

Jean-le-Vieux, 1481 ; Reyrieux, 1499 ; Pays de Gex, 1527 ; Divonne, 1559 ; Craz et Belley, 1577 ; Moigneneins, 1608 ; Thoissey, 1616 ; Pont-de-Veyle, 1629 ; Martignat, 1649 ; Peyzieu, 1664 ; Montmerle, 1672 ; Sessy, 1686 ; Balan, 1711 ; Gex, 1714 ; Sainte-Croix, 1776 ; Saint-Didier-sur-Chalaronne, 1782.

Ponceton (de). Francheleins, 1565.

Ponchard. Revermont, 1492.

Poncier. Rossillon. 1459.

Ponczard. Ambronay, 1297 ; Lompnes, 1310 ; Manziat, 1412 ; Carmoz, 1499.

Pont (du). Meximieux, 1409 ; Arbent, 1419 ; Loyes, 1462.

Pontamier. Dompierre-de-Chalamont, 1322 ; Bourg, 1328 ; Montmerle, 1333 ; Avrissieu, 1656.

Pont-de-Veyle (de). V. *de Veyle*.

Pontet. Condeissiat, 1456.

Ponthus. Ornex, 1510 ; Saint-Eloi, 1574 ; Bourg, 1608 ; Bâgé, 1753.

Pontvert (de). Saint-Jean-le-Vieux, 1328.

Popet. Bresse, 1585.

Popel. Foissiat, 1401.

Popon. Lent, 1460.

Portier. Miribel, 1426; Montluel, 1439; Dombes, 1628.

Porterat. Bourg, 1693.

Poterat. Trévoux, 1651.

Potier. Foissiat, 1382.

Poulet. Montluel, 1775.

Pourcelet. Bresse, 1630.

Poutereyn. Chevroux, 1544.

Poyat. Reyrieux, 1457.

Poyet. Savigneux, 1386.

Poype (de la). Villereversure, 1563; Bourg, 1639.

Poyselle. Saint-Didier-sur-Chalaronne, 1482.

Pra (du). Civriat, 1563; Pays de Gex et Bourg, 1565.

Pras. Montluel, 1698.

Pradel. Saint-Maurice-de-Beynost, 1737.

Pradel-Baudran. Dombes, 1732.

Praye (de la). Lyon et Messimy, 1657.

Pré. Sainte-Euphémie, 1644.

Pré (du). Trévoux, 1714.

Preilsan. Rossillon, 1476.

Preles (de). Bourg, 1488.

Prés (des). Saint-André-d'Huiriat, 1393.

Pressieux (de). Meximieux, 1650.

Pressy (de). Pérouges, 1491.

Prével. Péronnas, 1563.

Prévot ou **Prost** (*prepositi*). Virieu-le-Grand, 1183 ; Replonges, 1284 ; La Boisse, 1314 ; Montmerle, 1333 ; Montfleur, 1334 ; Virieu-le-Petit, 1341 ; Songieu et Belley, 1345 ; Bourg, 1348 ; Marboz, 1359 ; Gex, 1392 ; Poncin, 1399 ; Loyes, 1405 ; Bourg-Saint-Christophe, 1408 ; Coligny et Bâgé, 1431 ; Buellas, 1462 ; Meximieux, 1477 ; Pont-de-Veyle, 1495. (V. *Prost*.)

Prez (de). Pays de Gex, xviie siècle.

Priard. Villars, 1585.

Prost. Crottet, 1200 ; Druilliat, 1302 ; Ambronay, 1328 ; Marboz, 1350 ; Virieu-le-Grand, 1351 ; Villars, 1360 ; Saint-Sorlin-de-Cuchet, 1426 ; Meximieux, 1466 ; Montréal, 1484 ; Dombes, 1607 ; Belley, 1627 ; Châtillon-sur-Chalaronne, 1635 ; Montluel, 1723 ; Echallon, 1781.

Protat. Saint-André-d'Huiriat, 1376 ; Vescours, 1425 ; Bourg, 1428 ; Saint-Jean-sur-Veyle, 1450.

Provana (de). Saint-Rambert, 1381.

Provans. Montluel, 1579.

Prunier. Dombes, 1638.

Prusilia (de). Bresse, 1302.

Pucet (de). Châtillon-les-Dombes, 1428.

Puget (du). Viriat, 1408; Saint-Etienne-sur-Reyssouze, 1424; Sermoyer, 1448; Pont-de-Veyle, 1494; Bourg, 1500; Villars, 1512.

Pugnat. Crans, 1518.

Puis ou Puy (du). Pont-d'Ain, 1329; Bâgé, 1353; Bourg, 1417; Montluel, 1443; Corgenon, 1656.

Puy. Montluel, 1771.

Puy-Gauthier (de). Rossillon, 1291.

Puylata. Rillieux, 1654.

Pulignieux (de). Ambronay, 1297; Miribel, 1754.

Pully (de). Miribel, 1433.

Pupet. Miribel, 1278; Laiz, 1442.

Pupier. Montluel, 1395.

Pupunat. Montluel, 1418; Serrières-sur-Ain, 1424.

Pure (de). Trévoux, 1731.

Put. Valromey, 1650.

Putet. Bresse. 1341.

Puthod. Jayat, 1350; Foissiat, 1401; Saint-Nizier-le-Bouchoux, 1418; Cras, 1454; Pont-de-Vaux, 1466; Marboz, 1512; Saint-Remy-du-Mont, 1650; Cordon, 1694.

Put-Munet. Passin, 1696.

Putreyn (de). Dombes, 1552.

Putz. Pont-de-Veyle, 1420.

Puvillant. Marboz, 1354; Laiz, 1442 Foissiat, 1510.

Puzet. Châtillon-sur-Chalaronne, 1442.

Q

Quarante. Bas-Bugey, 1540.

Quarrat. Pays de Gex, 1529.

Quarré (*quadratus*). Bénonces, 1199.

Quarteron. Treffort et Pressiat, 1357.

Quersi. Villars, 1455.

Queton. Dombes, 1683.

Quiblat. Bonrepos, 1405.

Quille (de la). Neuville-sur-Ain, 1571.

Quincy. Bourg, 1627.

Quincy (de). Bresse, 1145; Oyonnax, 1336; Montluel, 1443.

Quinson. Villebois, 1265; Chazey-sur-Ain, 1278; Seillonnas, 1300; Foissiat, 1374; Mizérieux et Sainte-Euphémie, 1731; Glareins, 1759.

Quinte (de). Marboz, 1445.

Quiny (de). Bresse, 1646.
Quiod. Pays de Gex, 1544.
Quisard. Pays de Gex, 1550.
Quoquet. Villars, 1395.

R

Rabatel. Souclins, 1269 ; Saint-Sorlin-de-Cuchet, 1385 ; Cleysieu, 1398 ; Bénonces, 1438.
Rabuel. Saint-Jean-sur-Veyle, 1359 ; Pont-de-Veyle, 1425 ; Bourg, 1631.
Rabut. Pouilleux, 1459 ; Reyrieux, 1468.
Rachais (de). Saint-Julien-sur-Veyle, 1703.
Rachas. Druillat, 1296.
Rachat. Montluel, 1362.
Rachet. Matafelon, 1271 ; Bélignat, 1346.
Rachez. Montanay, 1253.
Racurt. Bressolles, 1509 ; Jailleux, 1741.
Radix. Polliat, 1559.
Raffet. Ambronay, 1426.
Raffier. Ambronay, 1514.
Raffin. Viriat, 1276 ; Bâgé, 1322 ; Vonnas, 1323 ; Ceyzériat, 1357 ; Saint-Didier-sur-Chala-

ronne, 1398; Treffort, 1424; Saint-Nizier-le-Bouchoux, 1463 ; Mépillat, 1492.

Raffolle (de). Saint-Maurice-de-Beynost, 1314 ; Montluel, 1328.

Rambaud. Saint-Jean-sur-Veyle, 1505 ; Dombes, 1608.

Rambert. Gorrevod, 1411 ; Pont-de-Vaux, 1416 ; Montréal, 1563 ; Pont-de-Veyle, 1757.

Ramel. Viriat, 1350 ; Foissiat, 1382 ; Pays de Gex, 1442 ; Nantua, 1616.

Ramery. Châtillon-la-Palud, 1356.

Ramole (de). Rigneux-le-Franc, 1278.

Ramoz. Pont-de-Veyle et Vonnas, 1696.

Rampon. Montluel, 1404.

Ramuel. Treffort, 1415.

Ramus. Bugey, 1361 ; Seyssel, 1563.

Ramussière. Bourg, 1661.

Rancie ou **Rancé** (de). Buellas, 1415 ; Châtillon-sur-Chalaronne, 1416.

Rappet. Miribel, 1581.

Raquin. Neyron, 1433.

Rasonnier. Sainte-Olive, 1552.

Rat. Abbergement-Clémenciat, 1428.

Ratevelle ou **Ratinelle**. Saint-Germain-d'Ambérieu, 1344 ; Bettant, 1358.

Raton. Druillat, 1373 ; Lagnieu, 1393.

Rattier. Lagnieu, 1331.
Rauchon. Dagneux, 1769.
Raudat. Montluel, 1487.
Ravais. Belley, 1328.
Ravanel. Montluel, 1434.
Ravat. Montluel, 1446; Baneins, 1719.
Ravet. Montluel, 1418; Saint-Rambert, 1479; Arandaz, 1553; Ceyzériat, 1622; Ambronay, 1661; Cuisiat, 1694; Bourg, 1711.
Ravier. Ambronay, 1297; Viriat, 1342; Pont-de-Veyle, 1457; Laiz, 1500; Aranc, 1520; Mionnay, 1581.
Ravinier. Foissiat, 1401.
Ravoire. Belmont, 1328; Miribel, 1405.
Ravot. Tramoyes, 1580.
Ray. Abbergement-Clémenciat, 1630.
Raymbaud. Civrieux, 1272.
Raymond. Genay, 1278; Bélignat et Longecombe, 1482.
Rébé (de). Chalamont, 1564.
Rebaton. Reyrieux, 1482.
Rebutin. Arbigny, 1216; Crottet, 1286; Saint-Didier-sur-Chalaronne, 1287; La Vavrette, 1335; Manziat, 1463.
Récamier. Passin, 1409; Peyrieu, 1600; Rochefort, 1780.

Rechagnion. Cerdon, 1336 ; Matafelon, 1337 ; Varey, 1357.
Reculafort. Montluel, 1500.
Reculet. Bourg, 1416.
Regard. Vaux et Saint-Sulpice, 1441 ; Chanay, 1602.
Regis (V. *Rey*). Chazey-sur-Ain, 1278.
Regnard. Ambérieux-en-Dombes, 1581.
Regnault. Bourg, 1625 ; Montluel, 1621 ; Bou et Glareins, 1668. (V. *Regnaud*).
Regnaud. Bresse, 1329 ; Champagne, 1349 ; Montluel, 1514 ; Mépillat, 1602 ; Dombes, 1612. (V. *Regnault*).
Regnibert et **Renibert.** St-Martin-du-Fresne, 1336 ; Bâgé, 1577 ; Bourg, 1608.
Regomier. Villeneuve, 1579.
Reignaut. Bresse, 1619.
Reignod. Miribel, 1391.
Reinauz. Bâgé, 1235.
Remillion. Cerdon, 1373.
Rémond. Aranc, 1467 ; Curciat, 1739.
Renard. Crans, 1405.
Renaud. Montluel, 1463. (V. *Regnault* et *Regnaud*).
Renaudin. Reyrieux, 1789.
Rende. Neuville-sur-Renom, 1482.

Renevier. Montluel, 1324 ; Lons-le-Saunier, 1360.

Rendu. Ballan, 1552.

Renom. Bresse, 1507 ; Marboz, 1563.

Rétis. Ville, 1373.

Revel. Chazey-sur-Ain, 1278 ; Vonnas, 1323 ; Belmont, 1461 ; Sainte-Julie, 1501 ; Bâgé, 1572 ; Dombes, 1587 ; Bourg, 1645.

Reverchon. Civrieux, 1343 ; Confrançon, 1361 ; Saint-Genis-sur-Menthon, 1404.

Revenu. Lyon et Villars, 1585.

Reverdy. Bourg, 1717 ; Montgriffon, 1754.

Revol. Rigneux-le-Franc, 1280 ; Chaneins et Saint-Trivier-sur-Moignans, 1324 ; Montcet, 1445 ; Outriaz, 1467.

Revoire (de). Faramans, 1278.

Reveyrom. Chanay, 1669.

Revoyria (de). Pérouges, 1426.

Revullion. Peyzieu, 1378.

Rey. Genay, 1253 ; Chazey-sur-Ain, 1278 ; Saint-Sorlin-de-Cuchet, 1361 ; Saint-Trivier-de-Courtes, 1416 ; Chalamont, 1419 ; Bourg, 1469 ; Pérouges, 1477 ; Neyrieu, 1497 ; Montluel, 1548 ; Revonnas, 1683 ; Montrevel, 1761.

Reydellet. Nantua, 1463 ; Izernore, 1549 ; Belley, 1607 ; Aprement, 1621 ; Matafelon, 1632,

Valromey, 1650 ; Saint-Sulpice-en-Bugey, 1667.

Reydet. Pays de Gex, 1579.

Reymbo. Bâgé-la-Ville, 1404.

Reymond. Hauteville, 1441 ; Miribel, 1544.

Reynard. Saint-Etienne-du-Bois, 1514 ; Montluel, 1768.

Reynaud. Bourg-en-Bresse, 1288.

Rhodes (de). Dombes, 1691.

Rhone (du). Pays de Gex, 1460.

Ribaud. Condeissiat, 1440 ; Montluel, 1474.

Riberet. Dagneux, 1776.

Ribollet. Bourg, 1636 ; Montracol, 1682.

Riboud. Bresse, 1200 ; Bressolles, 1300 ; Bâgé, 1310 ; Montanay, 1322 ; Châtillon-sur-Chalaronne, 1333 ; Portes, 1342 ; Savigneux, 1348 ; Saint-Sulpice-en-Bugey, 1511 ; Ceyzériat, 1563 ; Dombes, 1643 ; Bourg, 1657 (V. *Roboud*).

Richard. Loyes ; 1271 ; Bourg, 1438 ; Corgenon, 1441 ; Treffort, 1458 ; Montluel, 1461 ; Valromey, 1470 ; Echallon, 1506.

Richardon. Bresse, 1338 ; Rossillon, 1459 ; Saint-Jean-de-Thurigneux, 1468 ; Pouilleux, 1507 ; Saint-Sorlin-de-Cuchet, 1553.

Riche. L'Abbergement-Clémenciat, 1501 ; Confrançon, 1543.

Richelin. Belley, 1328.

Richer. Ambronay, 1333 ; Montréal, 1422; Bourg-en-Bresse, 1481.

Richerin. Cordon et Songieu, 1345 ; St-Germain-d'Ambérieu, 1357 ; Hotonnes et Ruffieu, 1388 ; Pont-de-Vaux, 1442 ; Saint-Trivier-de-Courtes, 1534.

Richerme. Pont-de-Vaux, 1500.

Richon. St-Jean-sur-Veyle, 1495.

Richonard. Bâgé, 1405.

Ricon. Montluel, 1737.

Ricou. Sathonay, 1658.

Ridet. Belley, 1760.

Rie (de). Bresse, 1563.

Rigaud. Villebois et Souclin, 1269 ; Saint-Rambert, 1318 ; Le Montellier, 1335 ; Montluel, 1372 ; Virieu-le-Petit, 1387 ; Rossillon, 1398 ; Belley, 1432 ; Saint-Jean-sur-Reyssouze, 1649 ; Genay, 1676.

Rignat. Chalamont, 1391.

Rigneux (de). Rigneux-le-Franc, 1145 ; Bressolles, 1230 ; Châtillon-sur-Chalaronne, 1280 ; Lagnieu, 1360 ; Montluel, 1404.

Rigollet. Nantua, 1433.

Riguermy. Pont-de-Vaux, 1466.

Riguet. Crans, 1387.

Rimbod. Lay, 1666.

Rincel. Bourg, 1584.

Riottier (de). XIIe siècle.

Riottier. Saint-Julien-sur-Reyssouze, 1533.

Rippe (de la). Perrex, 1314.

Rippes (de). Chatillon-sur-Chalaronne, 1333.

Riquery. Genay, 1739.

Riset. Foissiat, 1401.

Rissé ou **Ricé** (de). Treffort, 1602; Confrançon, 1644.

Rive. Chazey-sur-Ain, 1278; Meximieux, 1308.

Rives (de). Bourg, 1588; Rossillon. 1734.

Riverieux. Saint-Paul-de-Varax, 1719.

Rivet. Dombes, 1636; Thoissey, 1647; Saint-Jean-sur-Veyle, 1686.

Rivière. Crans, 1440.

Rivière (de la). Bourg, 1558; Peyzieux, 1672.

Rivoire. Saint-Julien-sur-Veyle, 1391; Attignat, 1646.

Rivyer. Dombes, 1580.

Rize. Dombes, 1616.

Robelez. Jasseron, 1342.

Robellin. Lentenay et Ambronay, 1476; Cormoranche, 1492.

Roberson. Parcieux, 1490.

Robert. Montluel, 1314; Saint-Trivier-sur-Moignans, 1393; Pouillat, 1395; Chazey-sur-Ain et Loyettes, 1502; Trévoux, 1604.

Robichon. Pressiat, 1477.

Robin. Foissiat, 1343; Lurcy, 1409; Le Plantay, 1475; Saint-Trivier-de-Courtes, 1485; Nantua, 1572; Martignat, 1680; Belley. 1694.

Roboton. Trévoux, 1500.

Roboud. (V. Riboud) Montanay, 1256; Dagneux, 1278.

Roch. Gex, 1706.

Rochas (du). Ordonnas, 1444; Portes, 1565; Belley, 1727.

Rochais (de). Baneins, 1607; Saint-Julien-sur-Veyle, 1701.

Roche. Gex, 1661; Bressolles, 1761.

Roche (de la). Saint-Germain-d'Ambérieu, 1315; Poncin, St-Alban et Cerdon, 1344; Châtillon, 1345; Dompierre et Chalamont, 1383; Bourg, 1420; Gex, 1572; Villars-sous-Treffort, 1693.

Rochefort. Lompnes, 1474.

Rochefort. (de). Virieu-le-Grand, 1159; Belley, 1660.

Rochemelle. Bresse, 1529;

Rochetaillé (de). Genay, V. 1170; Montanay, 1228; Joyeux, 1278; Trévoux, 1294; Montluel, 1312; Clémencia, 1344.

Rochette (de la). Mornay, 1437; Pont-de-Veyle, 1605; Mâcon et Bresse, 1625.

Rochez. Chaneins, 1324.

Roddes (de). Bugey, 1428; Saint-Etienne-sur-Chalaronne, 1587.

Rodet. Nantua, 1433; Saint-Rambert, 1462; Coligny et Cuiseaux, 1650; Meximieux, 1781.

Rodollet. Dombes, 1685.

Rogeat. Marsonnas, 1697.

Roger. Bresse, 1691.

Rogier. Pays de Gex, 1507.

Rognion. Bresse, 1328.

Roi. Saint-Didier-sur-Chalaronne, 1376; Marboz, 1418; Bourg, 1464; Montanges, 1502.

Roieu (de). Bugey, 1222.

Rois (de). Saint-Benoit-de-Cessieu, 1602.

Rojard. Replonges, 1538.

Rol. Meximieux, 1278.

Roland. Saint-Cyr-sur-Menthon, 1349; Dombes, 1648.

Rolaz. Pays de Gex, 1645.

Rolet. Bourg, 1354; Saint-Didier-sur-Chalaronne, 1376; Villars, 1423; Meximieux, 1457; Dagneux, 1505; Echallon, 1701; Béligneux, 1760.

Roley. Belley, 1654

Roliart. Cuiseaux et Bresse, 1337.

Rolière (de la). Bagé. 1322.

Rolland. Montluel, 1661; Billiat, 1685.

Rollet. Condeyssiat, 1450; Saint-Trivier-sur-moignans, 1514; Valromey, 1551; Montluel, 1647; Champfromier, 1685; Belley, 1690.

Rollin. Replonges, 1439; Brion, 1448; Virieu-le-grand, 1443; Saint-Julien-sur-Reyssouze, 1480; Bourg, 1557; Nantua, 1611; Pont-de-Veyle, 1667.

Roman. Béligneux, 1285; Saint-Trivier-de-Courtes, 1395; Dagneux, 1723.

Romans (de). Ars et Bugey, 1277; Ménestruel, 1329; Saint-Trivier-sur-moignans, 1333; Lent, 1544.

Romanans (de). Montanay, 1282; Montagneux, 1333; Percieux, 1393; Saint-Trivier-sur-Moignans, 1420; Bereins, 1640.

Romanet (de). Pirajoux, 1563; Villette-sur-Ain, 1602.

Romanin. Neuville-sur-Renon, 1388.

Ronchamp (de). Torcieu, 1488.

Rondat. Bourg, 1509.

Rondet. Saint-Cyr-de-Relevant, 1406.

Ronger. Villars, 1455.

Ronget. Belley, 1375.

Rongier. Bourg, 1581.

Ronjon. Bey et Biziat, 1441 ; Vonnas, 1473 ; Illiat, 1598 ; Bourg, 1672.

Rortiers (de). Jayat, 1349.

Roset et **Rozet.** Dompiere-de-Chalamont, 1388 ; Montréal, 1433 ; Pouilleux, 1459 ; Reysieux, 1468 ; Pays de Gex, 1674.

Rosier. Miribel, 1285 ; Trévoux, 1391 : Baneins, 1406.

Rosiere. Chatillon-sur-Chalaronne, 1627.

Rossan. Montluel, 1359 ; Jasseron, 1411. Treffort, 1425 ; Bourg, 1430 ; Saint-Cyr-sur-Menthon, 1443 ; Saint-Nizier-le-Bouchoux, 1451.

Rossel. Cessiat, 1459.

Rosseliy. Perrex, 1350 ; Chapelle-du-Châtelard, 1361 ; Bagé, 1453.

Rosset. Bas-Bugey, 1263 ; Miribel, 1278 ; Dommartin, 1304 ; Nantua, 1314 ; Saint-Bernard, 1344 ; Bourg, 1349 ; Saint-Julien-sur-Veyle, 1371 ; Meximieux, 1395 ; Viriat, 1405 ; Arbent, 1419 ; Poncin, 1424 ; Varey et Saint-Rembert, 1436 ; Illiat, 1437 ; Laiz, 1439 ; Messimi, 1440 ; Chaneins, 1446 ; Relevant, 1460 ; Cerdon, 1481 ;

Fitignieu, 1562 ; Pont-de-Vaux, 1563 ; Chiloup, 1607.

Rossignol. Parcieux, 1500.

Rossillon. (de) Yenne, 1134; Bugey, 1215; Chalamont, 1264; Pouilly, 1270; Montluel, 1276; Saint-Germain-d'Ambérieu, 1344; Divonne, V. 1350; Civria, 1376; Cessy, 1410; Chaney, 1424; Contrevoz, 1459; Colomieu, 1475; Bélignat, 1602.

Rossy (de). Sulignat, 1602.

Rost (du). Bâgé et Bourg, 1306; Revonnas, 1563.

Rostaing. Montluel, 1247; Serrière-de-Briord, 1420; Valromey, V. 1480; Belley, 1647 Lochieu, 1675.

Rotanay (de). Saint-Trivier-de-Courtes, 1417.

Rotelliat (de). Foissiat, 1437.

Roue (de la). Châtillon-sur-Chalaronne, 1337; Abergement-Clémencia, 1409; Ambérieux en Dombes, 1581.

Rouge. Genay, 1297; Grilly, 1366; Foissiat, 1401.

Rougemont (de). Rougemont, XIIIe siècle; Bélignat, Outriaz, Izernore, Corcelles, Aranc, Martignat, Senoches et Geovressiat, 1301; la Vellière, 1314 ; Bolozon, 1337 ; Mérignat, 1339 ; Viriat, 1342 ; Lantenay, 1345 ; Montluel, 1360 ; Saint-Germain-d'Ambérieu, 1403 ; Trévoux, 1399 ; Saint-Didier-de-Formans, 1457 ; Bourg, 1463 ; Villars, 1464 ; Villette, 1563 ; Chaveyriat, 1602.

Rouph. Pays de Gex, 1336 ; Chambéry et Pays de Gex, 1532 ; Logras, 1558 ; Gex, 1639 ; Allemogne, 1676.

Rousselet. Genay, 1672.

Roussereau (de). Biarsel et Moncelon, 1682.

Rousset. Bresse, 1354 ; Mézériat, 1360 ; Loyes, 1405 ; Chalamont, 1454 ; Gex, 1607.

Rousset (du). Montmerle, 1672.

Roussillie. Ambérieux-en-Dombes, 1581.

Roussillon (de). Condeissiat, 1264.

Rousy. Trévoux, 1662.

Rouvier. Trévoux, 1396.

Roux. Belley, 1265 ; Chalamont, 1277 ; Premillieu, 1291 ; Brénod, 1309 ; Artemare, 1312 ; St-André-de-Corcy, 1340 ; Songieu, 1380 ; Vieu-en-Valromey, 1393 ; Miribel, 1433 ; Montrevel, 1437 ; Ambronay, 1470 ; Chazey-sur-Ain, 1471 ; St-Jean-de-Thurigneux, 1487 ; Montluel, 1569 ; Seyssel, 1592 ; Belmont, 1736.

Rouyer. Ambronay, 1629.

Roverée (de). Montburon, 1469 ; Attignat, 1602.

Royard. Birieux, 1531.

Roybet. Virieu-le-Grand, 1382 ; St-Germain-d'Ambérieu, 1385 ; Montluel, 1415.

Roybier. Echallon, 1479 ; Nantua, 1575.

Royeux. Valromey, 1264.

Royer. Bourg, 1540.

Roze. Bourg, 1670.

Rua (de la). Valromey, 1242.

Ruaz (de la). Chaneins, 1308.

Rubat. St-Trivier-sur-Moignans, 1333 ; St-Rambert, 1347 ; Peyrieux, 1378 ; Talissieu, 1383 ; Montréal, 1393 ; Nantua, 1396 ; Ambronay, 1427 ; Douvres, 1458 ; Montluel, 1547 ; Bâgé, 1668 ; Belley, 1677.

Rubin. Bénonces, 1266 ; Cras, 1349 ; Châtillon-sur-Chalaronne, 1429.

Rudigoz. Meximieux, 1742.

Rudy. Montluel, 1756 ; La Pérouse, 1767.

Rue (de la). Montluel, 1312 ; Dagneux et la Boisse, 1392 ; St-Maurice-de-Rémens, 1440.

Ruf. Montréal, 1503.

Ruffier. Attignat, 1739.

Ruffin. Montréal, 1404 ; St-Trivier-de-

Courtes, 1443 ; Pont-de-Vaux, 1594 ; Chavannes-sur-Reyssouze, 1602 ; Bourg, 1606.

Ruil. Sermoyer, 1170 ; Civrieux, 1262.

Rumillier. Ponguyet, St-Jean-de-Gonville, 1401.

Rumillion. Cerdon, 1334.

Rupan. Crans, 1447.

Russins (de). Pays de Gex, 1312.

Rutis. Peyzieux, 1324.

Ruyvet ou **Ruivet**. Chapelle-du-Châtelard, XVe siècle ; Loyes, 1694.

Sabot de **Sugny**, La Collonge, 1736.

Sacconex. Pays de Gex, 1390 ; Vesancy, 1477 ; St-Jean-de-Gonville, 1528 ; Pougny, 1602.

Sachins (de). Vonnas, 1145 ; Condeissiat, 1245 ; St-Bernard, 1264 ; Bourg et Neuville-sur-Renon, 1288 ; St-Cyr-sur Menthon, 1301 ; Vandeins, 1339 ; Châtillon-sur-Chalaronne, 1355 ; St-Jean-sur-Veyle, 1360 ; Bagé, 1399 ; Asnières, 1422 ; Mépillat, 1563.

Sacognin (de). Bourg-en-Bresse, 1430 ; Montrevel, 1440.

Sacqueney (de). Péronnas, 1563.

Sadet. Montluel, 1314 ; Trévoux, 1379 ; St-André-de-Corcy, 1477.

Saddet. Bourg et Chalamont, 1628.

Sage. Civrieux, 1272 ; Cerveyrieu, 1312 ; Sandrans, 1343 ; St-Martin-le-Châtel, 1455.

Saguin. St-Benoit-de-Leyssieu, 1606.

Saillant (de). Cordieux, 1607.

Saint. Mézériat, 1767.

Saint-Amour (de). Bagé, 1265 ; Beauregard, 1379 ; St-Trivier-de-Courtes, 1418 ; Pérex, 1689.

Saint-André (de). St-Germain-d'Ambérieu, 1344 ; Tossiat, 1358.

Saint-Apre (de). Genève et Pays de Gex, 1397.

Saint-Aubin (de). Pirajoux, V. 1650.

Saint-Barthélemy (de). Bresse, 1348 ; Bourg-en-Bresse, 1554.

Sainte-Colombe (de). Neuville-sur-Renon, 1466.

Sainte-Croix (de). Bourg-St-Christophe, 1385.

Saint-Cyr (de). St-Cyr-sur-Menthon et Dommartin, 1239 ; Bey, 1255 ; Curtafon, 1304 ; Attignat, 1338.

Saint-Germain (de). St-Germain-d'Ambérieu, 1200 ; Birieux, 1226 ; Nuzérieux, 1228 ; Bagé, 1288 ; Confrançon, 1398 ; Treffort, 1403 ; Le Balmey, 1423 ; Marboz, 1449 ; Etrez, 1484 ;

Coligny, 1505; Montrevel, 1543; Bourg, 1734.

Sainte-Julie (de). Crans, 1267.

Saint-Julien (de). Martignat, 1336; Montréal, 1344; Montdidier, 1361; Foissiat, 1664.

Saint-Loup (de). Pont-de-Veyle, 1672; Bourg, 1687.

Saint-Marcel (de). St-Marcel et Civrieux, 1231; Chatenay, 1234; Pouilleux, 1277; St-André-de-Corcy, 1302.

Saint-Martin. Lent, 1651; Bourg, 1676.

Saint-Martin (de). Peyzieux, 1276; Conand, 1316; Bagé, 1399; St-Etienne-sur-Chalaronne, 1503; Sergy, 1557; Lent, 1730.

Saint-Maurice (de). Montceaux, 1324; Montluel, 1329.

Saint-Michel (de). Ferney, 1445-1498.

Saint-Oyen (de). St-Remy près Bourg, 1299; Nantua, 1310; Pays de Gex et Dortan, 1336.

Saint-Remy (de). St-Remy, 1324.

Saint-Romain (de). Dombes, 1488.

Saint-Sorlin (de). Saint-Sorlin en Bugey, 1116-1292.

Saint-Sulpice (de). St-Sulpice et Feillens, 1224; St-Martin-le-Châtel, 1276; Vonnas, 1344; Montrevel, 1382; Jayat, 1475-1602.

Saint-Symphorien (de). Dombes, 1325.

Saint-Trivier (de). V. Chablu-St-Trivier-sur-Moignans, XII° siècle ; Sandrans, 1327 ; Bereins, 1370 ; Montluel, 1403.

Saix (du). Péronnas, XI° siècle ; St-Christophe, 1130 ; Châtillon-sur-Chalaronne, 1288 ; Revonnas, 1293 ; Chaveyriat, 1324 ; Volognat, 1350 ; Tossiat, 1358 ; Treffort, 1403 ; Pont-d'Ain, 1423 ; Baneins, 1436 ; St-Cyr, près Châtillon-sur-Chalaronne, 1443 ; St-Etienne-sur-Chalaronne, 1441 ; Pays de Gex, 1496 ; Vonnas, 1518 ; Mézériat, 1531 ; Neuville-sur-Renon, Confrançon, Revonnas, Rignat, et Niévroz, 1563.

Salamand ou **Salemand**. Cordon, 1544.

Salandrin. Saint-Trivier-sur-Moignans, 1361.

Salat ou **Salet**, **Sallet**. Biziat, 1391 ; Laiz, 1393 ; Chapelle-du-Châtelard et Neuville-sur-Renon, 1447.

Salazard. Bourg-en-Bresse, 1704.

Sale (de). Abbergement-Clémencia, 1374.

Sales (de). Cras, 1350 ; Viriat, 1431.

Salhieud. Dombes, 1605.

Salié (de). Saint-Martin-du-Mont, 1698.

Salins (de). Neuville-sur-Ain, 1563.

Salicis. Montluel, 1482.

Salle (de la). Dombes 1349 ; Tossiat, 1349 ; Pont-de-Veyle et Laiz, 1360 ; Bourg, 1428 ; Brénod, 1491.

Salleneuve (de). Bugey, 1298 ; Mont-Ferrand, 1329 ; Seyssel, 1348 ; Cleysieu, 1360 ; Miribel, 1405 ; Saint-Denis-le-Chosson, 1437.

Sallet. V. **Salat**.

Salliard. Geney, 1480.

Salornay (de). Bâgé et Miribel, 1405 ; Sathonay, 1440 ; Serrière, 1443.

Salteur. Culoz, 1602 ; Valromey, 1650.

Sambin. Viriat, 1432 ; Saint-Claude et Pays de Gex, 1445.

Sambley. Saint-Germain, 1704.

Samyon. Saint-Martin-le-Châtel, 1455—1579 ; Vonnas, 1686.

Sanciat (de). Viriat, 1328 ; Bourg, 1353 ; Niévroz, 1461.

Sandelion, Sandellion et **Sandelyon**. Mogneneins, 1635 ; Chaneins, 1658.

Sandrans (de). Sandrans, XVe siècle ; Frans, 1227.

Sandrat. Belley, 1644.

Sandre. Foissiat, 1401 ; Saint-Martin-de-Chalamont, 1675.

Sannier. Montluel, 1712.

Sanoy (de). Bourg-en-Bresse, 1347.

Santona, Santhonas, Santhonax. Poncin et Pont-d'Ain, 1297 ; Nantua' 1463.

Santiau. Villette, 1539.

Sappin. Villes-en-Michaille, 1616.

Saramand. Cordon et Virieu-le-Petit, 1345.

Sardin. Bourg, 1685.

Sarra (de la). Bourg, 1467.

Sarra. Belley, 1082.

Sarroex ou **Serruex**. Pays de Gex, XVIe siècle.

Satenay. St-Germain-d'Ambérieu, 1344.

Sathonay (de). Sathonay, 1200.

Satigny (de). Miribel, 1603.

Sauge. Montluel, 1418.

Saugey (de). Montrevel, 1639.

Saulsaie (de la). Montluel, 1600.

Saultier. Chevry, 1397.

Saulvagiriz. Grigoux, 1548.

Saulx (la). Bossin, 1583.

Saulx (de). Miribel, 1603.

Saunier. Meximieux, 1308.

Sauvage. Vonnas, 1200. V. *Marmont*.— St-Martin-du-Mont, 1648 ; Verny, 1601 ; St-Boy, 1768.

Sauzez (du). Montceaux, 1278 ; Trévoux, 1644.

Sauzion. Jassans et Villeneuve, 1672.

Savalette (de). Baneins, 1758 ; Sulignat, 1767.

Savarin. Brénod, 1476 ; Bourg-en-Bresse, 1526 ; Nantua, 1537 ; Belley, 1619.

Savey. Bourg, 1358 ; Corlier, 1467.

Saxe. St-Germain-de-Joux, 1685.

Sécler. La Boisse, 1472.

Sédillot. St-Genis, 1737.

Seigneret et Seignoret. Bas-Bugey, 1422 ; Jassans, 1472 ; Fareins, 1480 ; Crans, 1387 ; Beauregard, 1635.

Seillons (de). Bourg-en-Bresse, 1349.

Sellianne. Montluel, 1600.

Sellier. Pont-d'Ain, 1447-1471.

Senecey (de). Villeneuve, 1316.

Senemond (de) Proulieu, 1601.

Senoa (de). Saint-Trivier-sur-Moignans, 1150.

Septim ou Septimoz. Cessy, 1507.

Serdan. Montluel, 1725.

Sergy (de). Sergy et Pays de Gex, 1350.

Sermoyer. (de). Neuville-Sur-Renoi 1223; Valeins, 1379; Bourg, 1430.

Sermet. La Boisse, 1701.

Sernay (de). Pays de Gex, 1366.

Serpol. Passin, 1419; Songieu, 1486; S Sorlin, 1510; Hôtonne, 1526.

Seroge. Pont-de-Veyle, 1459.

Serra (de la), Rignieux-le-Franc, 1278 Songieux, 1502.

Serracin (de). Châteauneuf (Songieu 1264; Passin, 1388; Belmont, 1487; Arben 1544; Châtillon-sur-Chalaronne, 1438.

Serravelle (de). Bourg-en-Bresse, 1339

Serrier. Collonges, 1646.

Serrières (de). Bugey, 1305, de mêm que *Mornay*.

Servage. St-Jean-le-Vieux et Châtillon de-Corneille, 1410; Grigny, 1445; Pougny e Thoiry, 1478.

Servant. Bresse, 1605.

Serve (de). Lent, 1285; Saint-Germain-de-Renom, 1318.

Servient ou **Sergent.** Villebois, 139 9 Villars, 1433.

Servignat (de). Servignat, 1420. Abber-ement-Clémenciat, 1543.

Servilliat. Domsure, 1556.

Sessier. Farges, 1441 ; Ferney, 1479.

Seuvre (de). Poncin, 1356.

Sève. Baneins, 1470 ; Ars, 1480 ; Mexi-ieux, 1568 ; Saint-André-de-Corcy, 1569 ; Monthieux, 1631 ; Fareins, 1602.

Seyssel (de). Bugey, 1250 ; Belley, 1343 ; ix, 1404 ; Meillonnas, 1449 ; Sandrans, 1456 ; ongieu, 1461 ; St-Germain-d'Ambérieu, 1476 ; on, 1602 ; Montréal, 1622 ; Cressieu, 1653r

Seyturier (de). Bresse, 1378 ; St-André-e-Corcy, 1430 ; Cornod, 1439 ; Bourg, 1455 ; Treffort, 1471 ; Contrevoz et Pugieu, 1493 ; Cro-et, 1532 ; St-Martin-du-Mont, 1558 ; Matafe-on, 1563 ; Serrières-sur-Ain, Verjon et Vonnas, 1602.

Seyvert (de). Péronnas, 1670.

Sibillion. Gex, 1584.

Sicard. St-Sorlin-de-Cuchet, 1361.

Sillans (de). Corbonod, 1339.

Sillimand. Belmont, 1656.

Sillinge. Péron, 1410.

Silvestre. Châtillon-sur-Chalaronne, 1285 ; Saint-Rambert, 1305 ; Rossillon, 1479 ; Trévoux, 1628.

Simon. Cordieux, 1620.

Simonnet. Malafretaz, 1366 ; Riottier, 1472 ; Bourg, 1514 ; Montréal et Oyonnax, 1522 ; Dompierre-de-Chalamont, 1525.

Siord. Chanay, 1669.

Sirand. Reyrieux, 1454 ; St-Germain-d'Ambérieu, 1556 ; Ambérieu-en-Bugey, 1674.

Siry (de). Perrex, 1719.

Sivriat (de). Marboz, 1514 ; Treffort, 1563.

Sochey. Châtillon-sur-Chalaronne, 1429 ; Bourg, 1697.

Soffray. Meximieux, 1217 ; Haut-Bugey, 1334.

Solace. Montluel, 1463.

Solat. Biziat, 1371.

Soliart. Saint-Etienne-sur-Chalaronne, 1376.

Solland. Tenay, 1580 ; Bourg, 1632 ; Virieu-le-Grand, 1685.

Sollellian. Chalamont, 1456.

Sollier (du). Pont-d'Ain, 1347 ; Logras, 1446 ; Trévoux, 1483 ; Gex, 1498.

Solomiat (de). Volognat, 1344.

Sontona, Sonthonas et Sonthonax. Poncin, 1334 ; Apremont, 1400 ; Nantua,

1477 ; Nerciat, 1567 ; Montréal, 1603 ; Seyssel, 1618; Dombes, 1651.

Sordet. Treffort, 1441 ; Culoz, 1678.

Sordier. Gorrevod, 1420.

Sori (de). Bourg-en-Bresse, 1551.

Sottizon. Saint-Jean-sur-Veyle, 1298; Bâgé et Pont-de-Veyle, 1306 - 1376 ; Juys, 1455; Monthieux, 1502.

Souppe. Neuville-sur-Renon, 1540.

Sourd. La Boisse, 1278 ; Arandas, 1284 ; Moncey, 1430; Tenay, 1438; Pont-de-Veyle, 1439 ; Saint-Jean-sur-Veyle, 1519.

T

Tabouret. Arbignieu, 1607.

Tacon. Oyonnax, 1532.

Tainturier. Bourg, 1620.

Talabard. L'Abergement - Clémenciat, 1477.

Talard. Saint - Etienne-sur-Chalaronne, 1544.

Talaru (de). Saint-Eloi, 1489.

Talon. Miribel, 1278—1476.

Tamisier. Montréal, 1393 ; Pouilleux,

1461; Reyrieux, 1468; Saint-Cyr-sur-Menthon, 1533; Bourg-en-Bresse, 1637.

Taney (de). Montfavrey, 1158; Saint-Didier-de-Formans, 1297; Saint-André-d'Huiriat, 1324.

Tanton. Biziat, 1527.

Tanvol. Pont-de-Veyle, 1605.

Tapie (de la). Bourg-en-Bresse, 1698.

Tapponas. Vonnas, 1473; Biziat, 1497; Bourg-en-Bresse, 1736.

Taravel, Vancia, 1278; Montluel, 1760.

Tarbias, Bourg-en-Bresse, 1651.

Tardy. Lagnieu, 1323; Montberthond, 1348; Dompierre-de-Chalamont, 1362; Treffort, 1403; Lyon, 1431; Pont-de-Vaux, 1440; Bény, 1445; Montluel, 1449; Pont-de-Veyle, 1494; Saint-Rambert, 1531; Bourg-en-Bresse, 1616; Crottet, 1700; Nantua, 1745.

Tarentay. Bourg-en-Bresse, 1465.

Tarlet. Bourg, 1287; Saint-Etienne-du-Bois, 1343; Chaveyriat, 1544.

Tavailloux. Chalamont, 1369.

Tavel. Pays de Gex, 1340; Hotonnes, 1420; Le Plantay, 1452.

Tavernier. Miribel, 1278; Saint-Trivier-sur-Moignans et Sandrans, 1333; Montrevel, 1335; Ambronay, 1466; Gex, 1554.

Tecton. Dombes, 1585 ; Montmerle, 1620.
Templier. Valromey, 1242.
Temporal. Pont-de-Vaux, 1772.
Tenay (de). Montenay, 1602.
Tenoud. Polliat, 1475.
Teppe. Abergement-Clémenciat, 1472.
Tercel. Montluel, 1660.
Ternier. Pays de Gex, 1412.
Terrail (de). Murs-en-Bugey, 1498.
Terraillon. Bourg, 1466.
Terrat. Rivoire, 1668.
Terreaux (de). Viriat, 1346.
Terrein. Montluel, 1499.
Terrel. Grigny, 1494.
Terrier. Genay, 1257 ; Bourg, 1319 ; Benonces, 1392 ; Montrevel, 1544.
Terroux. Gex, 1747.
Tervay. Bourg, 1466.
Tessières (de). Saint-Didier-de-Renon, 1344 ; Amareins, 1672.
Teste. Benonces, 1262 ; Jujurieux, 1328 ; Nantua, 1355 ; Saint-Rambert-en-Bugey, 1438 ; Montréal, 1466 ; Matafelon, 1500.
Testut, Bourg, 1339 ; Viriat, 1349 ; Belmont, 1403 ; Montluel, 1439 ; Niévroz, 1441.
Tevenon ou Thevenon. Bourg, 1423 ; Cesseins, 1577 ; Meximieux, 1757.

Textor, Béuonces, 1264 ; Lompnas, 1289 Villars, 1375 ; Birieux, 1422 ; Saint-André-d'Huiriat, 1668 ; Pont-de-Veyle, 1669.

Teyssonnière (de la). Buellas, 1290.

Thenon. Mogneneins, 1664.

Thésu (de). La Peyrouse 1666.

Thévenard. Passin, 1494.

Thévenet. Dagneux, 1707.

Thevenin. Buellas, 1677.

Thévenot. Saint-Nizier-le-Bouchoux 1563 ; Bourg, 1774.

Thibaut ou **Thibaud**. Genay, 1257 ; Miribel, 1420 ; Cras, 1473 ; Chalamont, 1633.

Thiénon. Montluel, 1555.

Thil (du). Saint-Martin-le-Châtel, 1213.

Thoire (de). Matafelon, XIe siècle ; Villars, V. 1170

Thoiriat (de). Talissieux, 1353 ; Bâgé, 1401 ; Virieu-le-Petit, 1387—1423.

Thoirette. (de). Trévoux, 1391 ; Thoissey, 1437.

Tholomet. Saint-Etienne-sur-Chalaronne, 1492 ; Ambérieux-en-Dombes, 1672 ; Agnereins, 1682.

Thomas. Saint-Trivier-sur-Moignans,

1378 ; Saint-Etienne-sur-Chalaronne, 1410 ; Anglefort, 1510 ; Bourg, 1605 ; Armix, 1709.

Thomasset. Saint-Trivier-sur-Moignans, 1333 ; Chalamont, 1380 ; Ambronay, 1391.

Thomassin, Bresse, 1427 ; Versailleux, 1539.

Thorel. Vernoux, 1650.

Thorens. Gex, 1496.

Thoron. Bresse, 1347.

Thorogniat (de). Bugey, 1337 ; Marboz, 1363.

Thorombert, Torombert et **Turumbert.** Bugey, 1234 ; Valromey, 1242 ; Saint-Benoît-de-Ceyssieu, 1308 ; Neyrieu, 1355 ; Grolée et Lhuis, 1431 ; Pays de Gex, 1496 ; Ceyzérieu 1563.

Thovière ou **Thouvière** (de la). Virieu-le-Grand, 1444 ; Servignat, 1521 ; Peyrieu, 1602.

Thuy (de). Montluel, 1377.

Tillet (du) Foissiat, 1420.

Tiralion. Grôlée, 1604.

Tiret (du). Bourg, 1348 ; Foissiat, 1355.

Tisserand. Dagneux, 1278 ; Pont-de-Vaux, 1477.

Tissier. Sermoyer, 1462 ; Nantua, 1616,

Tissot. Rigneux-le-Franc, 1278 ; Hostiaz, 1311 ; Brénaz, 1345 ; Outriaz, 1377 ; Ambronay, 1386 ; Trévoux, 1396 ; Lagnieu, 1424 ; Chaléaz, 1440 ; Saint-Jean-le-Vieu, 1524 ; Crottet, 1531 ; Nantua, 1616 ; Veyziat, 1679 ; Condamine-la-Doye, 1774 ; Saint-Martin-de-Fresne, 1784.

Tocquet. Nantua, 1557 ; Matafelon, 1621

Tollieu. Parcieux, 1490.

Tollon. Rancé, 1458.

Tondu. Lompnas, 1289 ; Viry et Arbent, 1336; Peyzieux et Mogneneins, 1324; Saint-Jean-sur-Veyle, 1359 ; Bourg, 1417 ; Pont-de-Veyle, 1420 ; Treffort, 1423 ; Laiz, 1441 de même que la *Balmondière*.

Torchefelon. (de). Haut-Bugey, 1337 ; Villars, 1341 ; Cressieu, 1494.

Torna (de). Saint-Didier-d'Aussiat, 1484.

Torterel. Bourg, 1292 ; Jasseron, 1328.

Toublanc. Bourg. 1590.

Touillon. Pont-de-Veyle, 1530.

Toulongeon. Samognat, 1336 ; Mornay, 1337 ; Lantenay, 1340 ; Curciat, 1422 ; Arromas, 1441 ; Bouligneux, 1563.

Toulouse. Vonnas, 1701.

Tour (de la). Culoz, 1602 ; Saint-Nizier-le-Désert, 1704 ; Mogneneins, 1705.

Tournachon. Montluel, 1686.

Tournier. Rigneux-le-Franc, 1278; Brénod, 1313; Condamine-la-Doye, 1490; Nantua, 1517; Dombes, 1585, Béon, 1602.

Tournon (de). Condeyssiat, 1409; Versailleux, 1451.

Tournon. Dombes, 1591.

Tournoux (de). Laiz, 1236; Meillonnas et Bourg, 1380; Montluel, 1419.

Traclard. Trévoux. 1500.

Tradoux. Ongles, 1609.

Traffey. Dombes, 1654.

Tranchin. Montluel, 1476.

Trebillet. Belley, 1618.

Treffort (de). Saint-André-sur-Suran, 1371.

Trelliard. Montmerle, 1333.

Trellon. Chaneins, 1457; Saint-Trivier-sur-Moignans, 1580; Bourg, 1632; Saint-Christophe, 1580.

Tremblay, Trembley (de). Faramans, 1278; Sandrans, 1322; Condamine-la-Doye, 1331; Bonrepos, 1525; Anglefort, 1605.

Trepied. Gex, 1696.

Trepier. Miribel, 1278.

Trepignye (de). Songieu, 1352.

Trevernay (de). Saint-Cyr-sur-Menthon, 1326.

Trevox (de). Saint-Trivier-de-Courtes, 1443.

Tribollier. Saint-Etienne-du-Bois, 1658.

Triboulet. Lagnieu, 1426.

Tricaud. Bugey et Lyon, 1347 ; Arbigny et Sermoyer, 1448 ; Belley, 1605.

Trigon. La Boisse, 1712.

Tripier. Betheneins ; 1278 ; Tramoyes, 1296 ; Miribel et Vancia, 1323.

Triquet. Jasseron, 1363 ; Montluel, 1532.

Trivulce (de). Loyettes, 1563.

Trocu. Hostiaz, 1311 ; Molix, 1580 ; Evosges, 1646 ; Corcelles, 1676 ; Saint-Rambert, 1716.

Trois-Cours. Pays de Gex, v. 1310 ; Cessy, 1366.

Trolliet. Miribel et Baneins, 1278 ; Montluel, 1283 ; Girieux, 1314 ; Saint-Trivier-sur-Moignans, 1333 ; Saint-Jean-sur-Veyle, 1445 ; Pont-d'Ain, 1449 ; Pérouges, 1465 ; Poncin, 1471 ; Montréal, 1518 ; Ambronay, 1519 ; Bourg ; 1530 ; Cerdon, 1563.

Trolieur. Trévoux, 1636.

Tronchon. Cormaranche, 1385.

Truchet. Rigneux-le-Franc, 1278.

Truchis. Bourg, 1601 ; Lompnieu, 1608.
Truffin. Corcelles, 1462.
Truillard. Bourg, 1661.
Tupin. Bourg, 1380.
Tupinier. Châtillon-sur-Chalaronne, 1393.
Turban. Gex, 1707 ; Cressieu, 1760.
Turel. Chaneins, 1378.
Turgon. Bourg, 1416 ; Vaugrineuse, 1442.
Tyoudet (de). Pont-de-Veyle, 1535.

U

Uchard. Guéreins, 1333 ; Pont-de-Veyle, 1532 ; Bourg, 1632.
Uchet. Cornaton, 1609.
Uffelle (d'). Bugey, 1334.
Ugine (d'). Saint-Trivier-de-Courtes, 1441.
Urcard. Bourg-en-Bresse, 1691.
Urfé (d'). Châtillon-sur-Chalaronne, 1402 ; Bâgé, 1602 ; Valromey, 1612.

V

Vachat (du). Belley, 1720.
Vacher. Miribel, 1433 ; Bourg, 1442.

Vacheresse (de). Clémenciat, 1461 ; Trévoux, 1475.

Vachon. Seillonnas, 1579.

Vaillant. Montluel, 1532.

Vaisia. Loyes, 1462.

Vaison. Ambronay, 1373.

Valat. Montluel, 1688.

Valanchons (de). Clémenciat, 1333.

Valencio. Meximieux, 1705.

Valentin. Ambronay, 1482 ; Saint-Trivier-sur-Moignans, 1690 ; Trévoux, 1757.

Valernod (de). Saint-Boys, 1699 ; Château-Gaillard, 1768 ; Cerdon et le Châtelard, 1775.

Valfray. Sathonay, 1739.

Valese. Brens, 1433.

Vallery. Pont-de-Vaux 1500.

Vallet. Miribel, 1472 ; Bourg, 1632.

Vallette. Dombes, 1580; Birieux, 1644.

Vallier. Montluel, 1388 ; Sainte-Croix, 1396 ; Lompnas, 1457 ; Pont-de-Vaux, 1468

Vaillerod. Belley, 1737.

Vallin. Brénaz, 1449,

Vallins (de). Saint Etienne-sur-Chalaronne, 1736.

Vallion. Montluel 1391.

Valloin. Bourg-en-Bresse, 1602.

Valromey. Saint-Germain-d'Ambérieu, 1344.

Valson. Saint-Trivier-de-Courtes, 1468.

Valluffin (de). Bugey, 1351.

Vannellat. Pugieu, 1428 ; Belley, 1461 ; Virieu-le-Grand, 1494.

Varambon. Ambronay, 1297 ; Pont-d'Ain, 1466.

Varambon (de). Chazey, 1256 ; Saint-Germain-d'Ambérieu, 1346 ; Saint-Rambert, 1377 ; Lagnieu, 1452.

Varanges (de). Sainte-Julie, 1663.

Varax (de). Saint-Paul-de-Varax, 1250 ; Romans, 1280 ; Polliat, 1358 ; Illiat, 1374 ; Sandrans, 1410 ; Richemont, 1419 ; Chazey-sur-Ain, 1450 ; Chanoz-Chatenay, 1518 ; Vonnas, 1563 ; Seyssel, 1602 ; Saint-André-le-Bouchoux, 1603.

Vareilles de). Saint-Maurice-de-Rémens, 1397.

Varenne. Bourg, 1715 ; Vonnas, 1776.

Varennes (de). Saint-Nizier-le-Bouchoux, 1418 ; Frans et Saint-Sorlin, 1602 ; Baneins, 1702 ; Saint-Olive, 1733 ; Proulieu, 1752 ; Bourg, 1757.

Vernée (de la). Bresse, 1263 ; Bourg, 1415 ; Corgenon, 1441 ; Saint-Trivier-de-Courtes, 1453 ; Saint-Remy, 1461 ; Péronnas, 1474 ; Bâgé, 1570.

Vernet. Chézery, 1502.

Vernette. Bâgé, 1453.

Verneuil (de). Corgenon, 1301 ; Abergement, 1346 ; Montrevel, 1382 ; Montcet, 1430.

Verney ou **Vernay** (du). Bresse, 1344 ; Illiat, 1374 ; Meillonnas, 1380 ; Villars, 1395 ; Miribel, 1433 ; Pouilleux, 1452 ; Cruzille, 1457 ; Béreyziat 1480 ; Vonnas, 1482 ; Bourg, 1546.

Vernouse (de la). La Peyrouze, 1310 ; Loyes, 1336 ; Villars, 1477.

Verrier. Montluel, 1728.

Verrières (de). Marboz, 1514.

Verrin. Saint-Germain-d'Ambérieu, 1344.

Verromey. Saint-Rambert, 1361.

Verroset. Bourg, 1405 ; Viriat, 1450.

Versailleux (de). Versailleux, 1050.

Vert (du). Virieu-le-Petit, 1511.

Vescles (de). Dortan, 1341.

Vetule. Lagnieu, 1351.

Veydat. Buellas, 1462.

Veylon. Cormoranche, 1554.

Veyras. Baneins, 1278.

Veyron. Bourg-en-Bresse, 1470.

Veysia ou **Veysie**. Villars, 1395; Trévoux, 1459.

Vial. Cerdon, 1455; Trévoux, 1496; Chaamont, 1700.

Vialet ou **Viallet**. Rivoire, 1331; Bas-Bugey, 1356; Bourg et Lyon, 1361; Marboz, 1367; Foissiat, 1374; Saint-Rambert, 1380; Saint-Germain-d'Ambérieu, 1395; Saint-Jean-sur-Reyssouze. 1399; Montluel, 1516; Pirajoux; 1602; Saint-Etienne-du-Bois, 1658.

Vian. Belley, 1639.

Vianney. Miribel, 1278; Saint-Didier-sur-Chalaronne, 1076; Chaveyriat, 1690.

Viard. Pont-de-Veyle, 1605; Bourg, 1708.

Vibert. Saint-Chistophe, 1406; Saint-Trivier-sur-Moignans, 1458; Seyssel, 1704.

Vicaire. Passin, 1349.

Vicard. Genay, 1430

Vidaud. Montceaux, 1731.

Videt. Luthézieux, 1726; Belley, 1743.

Vidon. Jailleux, 1468.

Vie. Bourg, 1438.

Vielli. Bourg, 1349.

Vienne (de). Brion, 1363.

Viennois. Villars, 1458; Meyriat, 1508; Bâgé, 1639.

Vieu (de). Vieu-d'Izenave, 1305.

Vieux. Dompierre-de-Chalamont, 1278 Miribel, 1433.

Vignard. Bourg, 1405.

Vignat. Meximieux, 1681.

Vigne (de la). Saint-André-d'Huiriat, 1650

Vigneron. Villemotier, 1431.

Vignes (des). Cruzilles. 1456; Belley, 1627

Vignier. Bourg, 1563.

Vignissiat. Montluel, 1487.

Vignod (de). Chanay, 1494; Dorche, 1499 Corbonod, 1663; Seyssel, 1563.

Vigoureux. Gex, 1612.

Vilis. Bouligneux, 1490.

Villain. Montluel, 1381; Miribel, 1433.

Villanery. Saint-Trivier-de-Courtes, 1547.

Villardier. Châtillon-sur-Chalaronne, 1426

Villars. Villars XIe siècle.

Villefranche. Couzon, 1414.

Villeneuve (de). Bourg, 1348; Miribel, 1405; Montluel, 1468; Reyrieux, 1675.

Villermin (de). Pays de Gex, 1601.

Villermont. Matignoat, 1685.

Vils. Bâle et Pays de Gex, 1558.

Villette (de). Miribel, 1285 ; Abergement, 1334 ; Bettans, 1358 ; Saint-Didier-sur-Chalaronne, 1376 ; Romans, 1404 ; Montluel, 1439 ; Meyzériat, 1441 ; Lacoux, 1461 ; Saint-Germain-d'Ambérieux, 1498 ; Jasseron, 1602.

Villeurbanne (de). Miribel, 1380.

Villier. Saint-Julien-sur-Veyle, 1505 ; Biziat, 1525 ; Illiat, 1598 ; Sulignat, 1639.

Villier (de). Pays de Gex, 1510.

Villiers (de). Saint-Etienne-sur-Chalaronne, 1566.

Villion. Meximieux, 1309 ; Civrieux, 1450 ; Chatillon-sur-Chalaronne, 1486 ; Bourg, 1681.

Villion (de). Villeneuve, 1150 ; Bey, 1274.

Vincent. Confrançon, 1359 ; Villars et Montagneux, 1370 ; Villeneuve, 1378 ; La Boisse, 1392 ; Bourg, 1430 ; Saint-Didier-sur-Chalaronne et Crottet, 1443 ; Songieu, 1530 ; Seyssel, 1563 ; Arandas, 1567 ; Lagnieu, 1627 ; Pont-de-Veyle, 1646 ; Trévoux, 1740.

Viod. Pont-de-Veyle, 1409.

Viollet. Illiat, 1376 ; Saint-Germain-d'Ambérieu, 1391 ; Seyssel, 1616.

Viollier. Proulieu, 1585.

Vion. Izieu, 1628.

Vionney. Villars, 1481.

Viraud. Bourg, 1640.
Viriat (de). Bresse et Bugey.
Virieux ou **Viry** (de). 1336; Bourg, 1390; Pays de Gex, 13..; mogne et Lograz, 1412; Saint-André-de-b..; 1459.
Viriset (de). Bresse, 1280; Illiat, 1374.
Viruel (de). Mornay, 1311.
Visin. Ambléon, 1633.
Visques (de). Sergy, 1533.
Vital. Ambronay, 1297; Aranc, 1347; Pé-rouges, 1372.
Viteau. Pays de Gex, 1526.
Viton. Brion, 1484.
Viviers. Meximieux, 1433.
Viviane. Chalamont, 1405; Trévoux, 1660.
Voisin. Corlier, 1343; Foissiat, 1416.
Voland. Lagnieu, 1392.
Volard (de). Belley, 1494.
Volliens (de). Volognat, 1350.
Volognat. Gex, 1397.
Voudan. Allemogne, 1397.
...utier. Vescours, 1773.
...y. ...ortan, 1337.
Gex, 1635.

Vuarrier. Sergy, 1544.

Vuchard. Poncin, 1424; Pont-de-Veyle, 1595; *V. Uchard*.

Vuiron. Pont-de-Veyle, 1409; Laiz, 1439; Bourg, 1631.

Vulliard. Bourg, 1505; Trévoux, 1697.

Vulliermier ou **Vuillermier**. Saint-Jean-le-Vieux, 1466; Ambronay, 1470.

Vulliet. Bourg, 1331; Prémillieu, 1381; Saint-Germain-d'Ambérieu, 1418; Gex, 1529; Bressolles, 1686.

Vullin. Marboz, 1445.

Vulliod. Courmangoux, 1481; Ambronay, 1485; Bourg, 1512.

Vulpil. Saint-Eloi, 1395.

Vuy. Saint-Germain-de-Joux, 1522; Belleydoux, 1595; Giron, 1626; Echallon, 1629.

W

Watteville (de). Pays de Gex, 1571.
Wurstemberger. Pays de Gex, 1601.

Y

Yenne (de). Belley, 1498.

Yères (de). Bénonces, 1309.
Ysembard. Vinat, 1456.
Yverdon (d'). Pays de Gex, 1556.

Z

Zaquinet. Chalamont, 1264.

Bourg, imprimerie du *Moniteur de l'Ain*.

28 Avril 18

www.ingramcontent.com/pod-product-compliance
Lightning Source LLC
Chambersburg PA
CBHW051915160426
43198CB00012B/1895